DONNER
SANS COMPTER

Bob Burg et John David Mann

DONNER SANS COMPTER

*Une histoire inspirante qui apporte
une nouvelle pertinence au proverbe
« Donnez et vous recevrez ».*

UN MONDE DIFFÉRENT

Catalogage avant publication de Bibliothèque et Archives nationales du Québec et Bibliothèque et Archives Canada

Burg, Bob

Donner sans compter : une histoire inspirante qui apporte une nouvelle pertinence au proverbe Donnez et vous recevrez

Traduction de : The go-giver.

Comprend des réf. bibliogr.

ISBN 978-2-89225-669-7

1. Succès dans les affaires. 2. Succès - Aspect psychologique. I. Mann, John David. II. Titre.

HF5386.B8714 2008   650.1   C2008-941518-3

Adresse municipale :
Les éditions Un monde différent
3905, rue Isabelle, bureau 101
Brossard, (Québec), Canada
J4Y 2R2
Tél. : 450 656-2660 ou 1 800 443-2582
Téléc. : 450 659-9328
Site Internet : www.unmondedifferent.com
Courriel : info@umd.ca

Adresse postale :
Les éditions Un monde différent
C.P. 51546
Succ. Galeries Taschereau
Greenfield Park (Québec)
J4V 3N8

Cet ouvrage a été publié en langue anglaise sous le titre original :
THE GO-GIVER : A LITTLE STORY ABOUT A POWERFUL BUSINESS IDEA
Published by The Penguin Group
375 Hudson Street, New York, N. Y. 10014

Dépôts légaux : 4e trimestre 2008
Bibliothèque nationale du Québec
Bibliothèque nationale du Canada
Bibliothèque nationale de France

Conception graphique de la couverture :
OLIVIER LASSER

Version française :
JEAN-PIERRE MANSEAU

Photocomposition et mise en pages :
ANDRÉA JOSEPH [pagexpress@videotron.ca]

Typographie : Berthold Baskerville 12,6 sur 15,3 pts

ISBN : 978-2-89225-669-7
(Édition originale : ISBN 978-1-59184-200-2, New York, NY)

Nous reconnaissons l'aide financière du gouvernement du Canada par l'entremise du Programme d'aide au développement de l'industrie de l'édition pour nos activités d'édition (PADIÉ).

Gouvernement du Québec – Programme de crédit d'impôt pour l'édition de livres – Gestion SODEC.

Imprimé au Canada

À Mike et Myrna Burg
ainsi qu'à Alfred et Carolynn Mann
qui nous ont tout donné

Table des matières

La première loi
La loi de la valeur

La deuxième loi
La loi de la compensation

La troisième loi
La loi de l'influence

La quatrième loi
La loi de l'authenticité

La cinquième loi
La loi de la réceptivité

1
Le brasseur d'affaires

À la Clason-Hill Trust Corporation, Joe est le seul individu véritablement ambitieux et qui veut réussir à tout prix. Il travaille dur, rapidement et a l'intention d'accéder au sommet. Du moins, tel est son but. Joe est un jeune homme plein d'ambition qui veut atteindre les étoiles.

Pourtant, il sent parfois que plus il travaille dur et vite, plus ses objectifs lui semblent encore lointains. Pour un brasseur d'affaires aussi consciencieux, il a le sentiment d'en faire beaucoup, mais de ne pas obtenir suffisamment en retour.

Cependant, étant donné tout le travail à accomplir, Joe n'a pas beaucoup le temps de réfléchir à tout cela. Encore moins aujourd'hui, un vendredi, avec seulement une semaine restante dans le trimestre et un délai crucial à respecter. Une date limite qu'il ne peut pas se permettre de ne pas honorer.

Aujourd'hui, au milieu de l'après-midi, Joe décide qu'il est temps de solliciter une faveur. Il passe donc un coup de fil, mais la conversation ne se déroule pas très bien.

« Carl, dis-moi que tu n'es pas en train de me révéler cela… » Joe prend alors une bonne respiration pour chasser le désespoir dans sa voix. « Neil Hansen ? Qui diable est Neil Hansen ? Eh bien, peu m'importe ce qu'il offre, nous pouvons répondre à ces spécifications… Attends, voyons Carl, tu me dois une faveur ! Tu le sais très bien ! Hé ! qui t'a tiré d'affaire relativement au budget Hodges ? Carl, ne raccroche pas… Carl ! »

Joe appuie ensuite sur le bouton « talk » de son téléphone sans fil et dépose calmement le combiné sur son support. Il prend alors une profonde respiration.

Joe essaie désespérément de décrocher un budget important, un client qu'il croit mériter amplement, une clientèle dont il a absolument besoin, s'il veut atteindre son quota du troisième trimestre. Joe a raté de peu ses quotas du premier trimestre et du deuxième également. Deux prises… Joe ne veut même pas penser à une troisième prise.

«Joe? Ça va?», demande une voix. Joe lève les yeux vers le visage préoccupé de sa collègue Melanie Matthews. C'est une personne bien intentionnée et vraiment aimable. Pourquoi donc exactement Joe avait-il cru qu'elle ne resterait pas longtemps dans un milieu de compétition comme le septième étage, où ils travaillent tous deux?

«Oui», dit-il.

«Était-ce Carl Kellerman au téléphone? Concernant le budget BK?»

Joe pousse un soupir en disant: «Oui.»

Il n'a aucunement besoin d'expliquer ce qui en est. Tout le monde sur l'étage sait qui est Carl Kellerman. C'est un courtier d'entreprise à la recherche de la bonne firme, pour gérer le budget que Joe a surnommé le Big Kahuna, ou BK pour abréger.

Selon Carl, le patron de Big Kahuna ne pense pas que la firme de Joe possède l'influence et l'effet de levier nécessaires pour réussir la transaction. De plus, un certain individu dont Joe n'a jamais entendu parler a écarté ce dernier de ce marché en offrant des conditions plus avantageuses. Carl affirme qu'il ne peut rien n'y faire.

«Je n'y comprends rien, dit Joe.

– Je suis désolée, Joe, dit Melanie.

«Eh bien, parfois on réussit...» Il lance ensuite un large sourire confiant mais il ne peut s'empêcher de penser à ce que Carl lui a dit. Tandis que Melanie retourne à son bureau, Joe semble perdu dans ses pensées. *L'influence et l'effet de levier…*

Quelques instants plus tard, il se lève brusquement et se dirige vers le bureau de Melanie. « Bonjour Mel ! »

Elle le regarde.

« Te souviens-tu d'avoir parlé à Gus l'autre jour d'un consultant important qui doit donner une conférence le mois prochain ? Tu l'appelais le « Capitaine » ou quelque chose de semblable… »

Melanie sourit. « Pindar. Le Président. »

Joe claque alors ses doigts. « C'est ça. C'est cet homme. Quel est son nom de famille ?

Melanie fronce les sourcils. « Je ne crois pas… » dit-elle en haussant les épaules. « Non, je ne pense pas avoir déjà entendu prononcer son nom. Tout le monde l'appelle le Président ou simplement Pindar. Pourquoi ? Veux-tu aller l'entendre ?

– Oui… peut-être. » Mais Joe n'est pas intéressé à assister à une conférence qui doit avoir lieu dans un mois seulement. Une seule chose l'intéresse et il faut qu'elle se produise d'ici vendredi, quand le troisième trimestre va se terminer.

« J'y pense, cet homme connaît beaucoup de succès, n'est-ce-pas ? Il demande d'énormes cachets de consultant et ne travaille que pour les meilleures et les plus importantes firmes ? Je sais que nous pouvons gérer le budget BK mais je vais avoir besoin d'arguments massues pour récupérer la transaction. Il me faut un effet de levier. As-tu une idée comment je peux rejoindre ce Président à son bureau ?

Melanie regarde alors Joe comme s'il se proposait de lutter avec un grizzly. « Tu vas tout simplement lui téléphoner ? »

Joe dit en haussant les épaules : « Bien sûr. Pourquoi pas ? »

Melanie secoue la tête. « Je ne sais vraiment pas comment le contacter. Pourquoi ne demandes-tu pas à Gus ? »

Pendant que Joe retourne à son bureau, il se demande comment Gus a pu survivre aussi longtemps à la Clason-Hill Trust. En fait, il ne l'a jamais vu vraiment travailler. Pourtant, Gus a un bureau fermé alors que Joe, Melanie et une douzaine d'autres partagent la pièce ouverte du septième étage. Certains disent que Gus a obtenu son bureau à cause de son ancienneté. D'autres affirment qu'il l'a acquis parce qu'il l'a mérité.

Selon les rumeurs qui circulent au bureau, Gus n'a obtenu aucun compte client depuis plusieurs années, et la direction le garde à son service purement et simplement pour sa loyauté. On chuchote également des choses à propos de Gus qui vont à l'autre extrême : il aurait obtenu énormément de succès au cours de ses premières années à la firme et serait maintenant un excentrique très riche qui cache ses millions dans des matelas, tout en adoptant un mode de vie de retraité.

Joe ne croit pas à ces rumeurs. Il est à peu près sûr que Gus décroche certains budgets. Toutefois, il est difficile de voir en lui une superstar des ventes. Gus s'habille comme un professeur d'anglais du secondaire et rappelle davantage à Joe un médecin de campagne à la retraite qu'un homme d'affaires actif. Avec ses manières détendues et dégagées, ses longues conversations téléphoniques décousues avec des clients potentiels (des conversations qui se rapportent à tout sauf aux affaires), ses vacances prolongées et imprévisibles, Gus semble être une relique d'une époque depuis longtemps révolue.

Il n'a aucunement le profil du brasseur d'affaires.

Joe s'arrête devant la porte du bureau de Gus et frappe quelques coups.

«Entre, Joe, obtient-il pour réponse.

– Alors, tu veux lui téléphoner tout de suite et essayer de le rencontrer en personne?» Gus feuillette minutieusement son fichier Rolodex®, découvre la carte écornée qu'il recherche et copie le numéro de téléphone qui s'y trouve sur un bout de papier qu'il tend à Joe. Il observe ensuite ce dernier en train de composer ce numéro sur son téléphone sans fil.

«Lui téléphoner un vendredi après-midi? dit Joe avec un large sourire. Oui, c'est exactement ce que je vais faire.»

Gus approuve d'un signe de tête, d'un air pensif : « Une chose que je peux dire de toi, Joe, c'est que tu as de l'ambition et que j'admire cela. » Gus caresse distraitement une pipe en écume de mer tout en parlant : « Si quelqu'un sur cet étage est un véritable brasseur d'affaires, c'est bien toi. »

Joe en est touché. « Merci, Gus. » Il retourne ensuite à son bureau.

Dans son dos, Gus lui dit à haute voix : « Ne me remercie pas encore. »

Après une seule sonnerie, une voix joviale, appartenant à une femme prénommée Brenda, lui répond. Il se présente et lui dit qu'il doit voir le Président, et il se prépare ensuite à parer l'obstacle infranchissable qu'elle pourrait dresser devant lui.

Au lieu de cela, elle lui cause tout un choc en lui disant : « Bien sûr, vous pouvez obtenir un rendez-vous avec lui. Pouvez-vous venir demain matin ?

– Demain ? répond-il en balbutiant. Un samedi matin ?

– Oui, si cela vous convient. Huit heures, est-ce trop tôt pour vous ? »

Joe n'en revient pas : « Ne devez-vous pas d'abord vérifier avec lui son emploi du temps ?

– Oh, non, dit-elle d'une voix imperturbable. Demain matin, ce sera parfait. »

Puis, un bref silence. Joe se demande si elle ne le confond pas avec quelqu'un d'autre. Quelqu'un que ce monsieur Pindar connaît déjà. «Madame, finit-il par dire, êtes-vous au courant que c'est la première fois que je vais le rencontrer?

– Bien sûr, réplique-t-elle avec entrain. Vous avez entendu parler de son "secret commercial" et vous voulez en savoir davantage sur le sujet.

– Eh bien, oui, c'est cela, plus ou moins», réplique-t-il. Un secret commercial? L'homme est prêt à partager son secret commercial? Il peut à peine croire à sa chance.

«Il vous rencontrera une seule fois, dit Brenda. Après cela, si vous êtes d'accord avec ses conditions, il voudra fixer des rendez-vous additionnels pour vous faire part de son secret.

– Des conditions?» Joe est déçu car il est persuadé que ces conditions peuvent signifier de payer des honoraires fort élevés ou de verser une avance au-dessus de ses moyens. Et même s'il pouvait se le permettre, cela requiert peut-être le genre de références de haut niveau que Joe ne possède pas. Cela valait-il la peine de continuer cette démarche? Ou devait-il sauver les meubles et trouver une façon élégante de se soustraire à ce rendez-vous?

«Bien sûr, dit-il. Eh bien, pouvez-vous me faire connaître ses conditions?

– Il vous faudra les entendre directement de la bouche du "vieux"», dit-elle avec un petit rire.

Joe inscrit l'adresse qu'elle lui donne, marmonne un merci et raccroche. En moins de vingt-quatre heures, il allait rencontrer celui qu'elle avait appelé le "vieux".

Et pourquoi donc a-t-elle eu un petit rire quand elle a dit cela ?

2
Le secret

Le matin suivant, Joe arrive à l'adresse que Brenda lui a donnée et immobilise son véhicule dans une vaste allée circulaire. Il ne peut s'empêcher d'être impressionné en jetant un coup d'œil sur le magnifique manoir en pierre qui s'élève sur quatre étages devant lui. Il émet un léger sifflement d'admiration. Quel endroit superbe! Cet homme est vraiment influent.

Joe avait fait ses devoirs la nuit précédente. Une heure passée sur Internet lui a appris des choses remarquables au sujet de la personne qu'il est sur le point de rencontrer.

L'homme surnommé «le Président» a une carrière très prospère dans un large éventail d'entreprises. Maintenant qu'il est presque retiré de ses propres compagnies, il consacre la majeure partie de son temps à enseigner et à conseiller d'autres personnes. Il est très en demande comme consultant de directeurs généraux de Fortune 500 et à titre de conférencier principal lors d'événements d'entreprises prestigieux. Il est devenu une sorte de légende. Un article l'a surnommé «le secret le mieux gardé du monde des affaires».

«*Il a le bras long,* pense Joe. *C'est un homme de premier plan !*»

«Bienvenue, Joe !»

Un homme svelte, aux cheveux noirs grisonnants, peignés avec soin, vêtu d'une chemise bleu pâle, d'un veston gris clair bien pressé, et d'un pantalon gris est debout devant l'impressionnante porte en chêne. D'après Joe, il est au début de la soixantaine ou peut-être même à la fin de la soixantaine. L'âge de l'homme est un détail que sa recherche sur Internet n'avait pas révélé.

L'ampleur de sa fortune non plus, mais d'après l'opinion générale elle est impressionnante. Les dimensions du manoir en face de Joe ainsi que la présence élégante et pleine de dignité de l'homme confirment cette impression. D'après son expression radieuse, il est clair que son «Bienvenue !» est authentique et non pas une simple façon de parler.

«Bonjour, monsieur, dit Joe. Merci de prendre le temps de me recevoir.

– Vous êtes le bienvenu et je vous remercie pour exactement la même raison.» Pindar affiche un large sourire tandis qu'il donne une poignée de main ferme à Joe. Ce dernier lui retourne un sourire quelque peu perplexe et se demande : «*Pourquoi me remercie-t-il ?*»

«Allons sur la terrasse pour savourer une tasse du célèbre café de Rachel», dit l'hôte de Joe, l'entraînant dans un petit sentier qui mène sur l'un des côtés du manoir. «Êtes-vous surpris d'être ici ?

– À vrai dire, oui, admet Joe. Je me demandais seulement combien de légendes du monde des affaires accueilleraient un parfait étranger, un samedi matin ?»

Pindar approuve d'un signe de tête tandis qu'ils marchent sur le sentier. «En réalité, les gens qui réussissent font cela constamment. En règle générale, plus ils ont de succès, plus ils sont disposés à partager leurs secrets avec d'autres.»

Joe fait un signe de tête affirmatif tout en essayant de son mieux de croire que cela pourrait être vrai.

Pindar lui lance un regard puis sourit à nouveau : «Les apparences peuvent être trompeuses, Joe. En fait, elles le sont presque toujours.»

Ils marchent un moment puis Pindar enchaîne : «J'ai partagé un jour une scène avec Larry King, vous savez l'intervieweur à la radio et à la télévision ?»

Joe fait signe que oui.

«Et vu qu'il a interviewé tellement de gens célèbres, puissants et couronnés de succès, j'ai pensé que je pourrais comparer mes propres observations aux siennes. "Larry, ai-je demandé, est-ce que vos invités sont aussi gentils qu'ils le semblent ? Même les véritables superstars ?" Il m'a fixé du regard et a dit : "Laissez-moi vous révéler une chose très intéressante : plus ils sont connus, plus ils sont d'une grande gentillesse."»

La voix à la fois chaleureuse et râpeuse de Pindar avait curieusement mis Joe à l'aise dès qu'il l'avait entendue. Il sait maintenant pourquoi : c'est la voix d'un conteur d'histoires.

Pindar continue : «Eh bien, Larry a réfléchi pendant un instant à ce qu'il avait dit, puis il a renchéri : "Je crois qu'une personne peut atteindre un certain niveau de réussite sans être particulièrement spéciale. Mais pour devenir très, très connus et atteindre le genre de succès stratosphérique dont nous parlons, les gens ont besoin d'avoir à l'intérieur d'eux-mêmes quelque chose de très authentique."»

Une fois arrivés près de la table sur la terrasse, Joe jette un coup d'œil tout autour et parvient à peine à ne pas s'exclamer à voix haute. Au-delà de la ville qui s'étend en dessous d'eux vers l'ouest, se dresse une chaîne de hautes montagnes onduleuses, à demi enveloppées de nuages cotonneux. Face à ce paysage, Joe a le souffle coupé.

Ils s'assoient et la jeune femme que Pindar avait prénommé Rachel apparaît soudain avec un pot de son fameux café. Tandis qu'elle leur en verse chacun une tasse, Joe se dit : *« Susan ne me croira pas quand je lui parlerai de cet endroit. »* Il avait seulement dit à sa femme qu'il allait rencontrer un client potentiel. Il sourit en pensant à l'expression qui illuminerait son visage quand elle entendrait parler de cette aventure.

« C'est formidable, dit Joe. Larry King, hein ? Soit dit en passant, ce café est délicieux. Le café de Rachel est-il vraiment célèbre ?

– Il l'est dans cette maison, dit Pindar avec un sourire. Je ne suis pas un parieur mais si je l'étais, savez-vous ce que je gagerais ? »

Joe secoue la tête.

« Je gagerais qu'un jour son café sera reconnu à travers le monde. Rachel est une femme très spéciale. Elle est avec nous depuis environ un an, mais je m'attends à ce qu'elle nous quitte avant longtemps. Je l'ai encouragée à ouvrir une chaîne de petits cafés. Son café est tellement bon qu'il doit être partagé avec le reste du monde.

– Je vois ce que vous voulez dire. » Joe se penche vers Pindar et adopte une attitude favorisant les confidences. « Si elle pouvait reproduire un tel café à l'échelle industrielle, vous pourriez tous deux faire un bénéfice énorme.» Il se cale alors dans sa chaise et prend une autre gorgée.

Pindar dépose sa tasse et regarde Joe d'un air pensif.

«À vrai dire, Joe, avec le peu de temps dont nous disposons ce matin, c'est ainsi que je veux commencer. Vous et moi venons de deux cheminements différents en ce qui a trait à la création de richesses. Si nous sommes appelés à travailler ensemble, il nous faut commencer par emprunter le même chemin. Avez-vous remarqué que j'ai dit "partager son café avec le reste du monde" et vous, de votre côté, vous avez dit "faire un bénéfice énorme". Voyez-vous la différence?»

Joe n'est pas certain de bien comprendre cette différence, pourtant il s'éclaircit la voix et dit: «Oui… je le crois.»

Pindar sourit. «Je vous en prie, comprenez-moi bien: il n'y a rien de mal à faire de l'argent, en fait, à en gagner beaucoup. Mais ce n'est tout simplement pas un objectif qui vous permettra de réussir.» En voyant que le visage de Joe exprime la perplexité, Pindar fait un signe de la tête et lève la main pour indiquer qu'il va fournir des explications. «Vous voulez comprendre ce qu'est le succès, n'est-ce pas?»

Joe fait signe que oui.

«Très bien. Je vais maintenant partager avec vous mon secret commercial.»

Pindar se penche alors vers Joe et prononce doucement un seul mot : « Donner. »

Joe s'attend à quelque chose d'autre, à d'autres mots, mais apparemment tout est inclus dans ce seul mot. « Je vous demande pardon ? »

Pindar sourit.

« Donner ? », répète Joe.

Pindar acquiesce.

« C'est le secret de votre réussite ? Votre secret commercial ? Donner ?

– Absolument, dit Pindar.

– Ah, dit Joe. Eh bien, c'est... c'est...

– C'est trop simple même si c'est vrai, et il est presque impossible que cela soit vrai ? demande alors Pindar. Est-ce bien ce que vous pensez ?

– Quelque chose dans le genre, admet Joe d'un air penaud.

Pindar incline la tête. « Bien des gens ont cette réaction. À vrai dire, la plupart rient tout bonnement quand ils entendent dire que le secret du succès consiste à donner, et je le répète à nouveau, la plupart des gens sont à mille lieues d'obtenir le succès qu'ils souhaiteraient avoir. »

Joe ne peut sûrement pas contredire cette affirmation.

« Voyez-vous, continue Pindar, la majorité des gens ont une attitude profondément ancrée d'après laquelle ils demandent au foyer de leur cheminée : "Donne-moi d'abord un peu de chaleur et je te donnerai ensuite quelques bûches." La même attitude pourrait leur faire dire à une banque : "Donne-moi de l'intérêt sur mon argent et je ferai ensuite un dépôt." Et, bien sûr, cela ne fonctionne pas de cette façon. »

Joe fronce les sourcils, essayant d'analyser la logique des exemples de Pindar.

« Voyez-vous, vous ne pouvez pas aller dans deux directions en même temps. Si votre but est de chercher à atteindre la réussite en gagnant de l'argent, c'est comme si vous essayiez de rouler sur une autoroute à cent dix kilomètres à l'heure avec les yeux rivés sur votre rétroviseur. » Il prend une autre gorgée et attend que Joe assimile cette dernière réflexion.

Joe a l'impression que son propre cerveau roule à cent kilomètres à l'heure sur l'autoroute, en marche arrière. « Très bien, vous dites donc que les gens qui ont du succès concentrent leur attention sur ce qu'ils… donnent, partagent », il voit alors Pindar l'approuver, « et c'est ce qui crée leur réussite ?

– Exactement, s'exclame Pindar. À présent, nous regardons dans la même direction !

– Mais… ne croyez-vous pas que beaucoup de gens pourraient abuser de vous ?

– Excellente question. » Pindar dépose sa tasse et se penche vers Joe. « La plupart des gens ont grandi en considérant notre monde comme endroit de restrictions plutôt que comme un lieu de trésors inépuisables. Un monde de compétition plutôt qu'un monde de cocréation.» Il se rend compte que Joe est à nouveau perplexe.

«C'est un monde où les loups se mangent entre eux, c'est la loi de la jungle, explique-t-il. Bien sûr, nous sommes tous très polis en surface mais soyons réalistes, c'est vraiment chacun pour soi. Cela résume-t-il bien la situation?»

Joe admet que cela cerne vraiment bien le sujet. De toute façon, c'est assurément ce qu'il croit lui-même.

«Eh bien, dit Pindar, ce n'est tout simplement pas vrai.» Il remarque le regard sceptique de Joe et continue. «Avez-vous déjà entendu des gens dire: *"Vous ne pouvez pas toujours obtenir ce que vous voulez.[1]"*»

Joe arbore un large sourire. «Vous faites allusion aux Rolling Stones?»

Pindar sourit à son tour. «À vrai dire, j'imagine que les gens disaient cela bien avant l'époque de Mick Jagger. Mais oui, voilà bien de quoi il est question.

– Vous n'allez pas me dire que ce n'est pas vrai, n'est-ce pas? Que nous obtenons toujours en fait ce que nous voulons?

---

1. Chanson des Rolling Stones: *You can't always get what you want.*

29

– Non, dit Pindar, vous avez raison sur ce point. Dans la vie, il nous arrive souvent de ne pas obtenir ce que nous voulons.» Puis, il se penche de nouveau vers Joe et d'une voix de plus en plus douce, il ajoute en y accordant une importance toute particulière : «Voici ce que vous obtenez vraiment, vous obtenez ce à quoi vous vous attendez.»

Joe fronce à nouveau les sourcils, essayant de soupeser mentalement la vérité de cette dernière pensée.

Pindar se cale contre le dossier de sa chaise et prend une gorgée de café tout en observant Joe. Après un moment de silence, il enchaîne.

«En d'autres termes : *Vous obtenez ce sur quoi vous concentrez votre attention.* Vous avez entendu l'expression : "Si vous cherchez les problèmes, c'est ce que vous trouverez à coup sûr."»

Joe approuve d'un signe de tête.

«Cela est vrai et non seulement concernant les problèmes. C'est vrai à propos de tout. Recherchez un conflit et vous le trouverez. Faites en sorte que des gens abusent de vous et en général ils le feront. Envisagez le monde comme un endroit où les loups se mangent entre eux et vous trouverez toujours un loup plus gros qui vous regardera comme si vous étiez son prochain repas. Recherchez ce qu'il y a de meilleur chez les gens et vous serez étonné de tout le talent, l'ingéniosité, l'empathie et la bonne volonté que vous découvrirez.

« Ultimement, le monde vous traite plus ou moins de la façon dont vous vous attendez à être traité. »

Pindar fait une pause pour laisser Joe assimiler cette dernière pensée, puis il en ajoute une autre.

« À vrai dire, Joe, vous seriez étonné de savoir à quel point ce qui vous arrive dépend en grande partie de vous. »

Joe prend une bonne respiration. Il exprime ensuite la pensée suivante lentement :

« Donc, vous dites que les gens n'abusent pas de vous, car vous ne vous attendez pas à ce qu'ils le fassent ? Et vu que vous ne concentrez pas votre attention sur l'égoïsme et la cupidité, même quand ces défauts sont omniprésents autour de vous, cela n'a pas beaucoup de répercussions sur votre être ? » Puis, dans un éclair d'inspiration, il ajoute : « Tel un système immunitaire sain environné par la maladie, vous n'en attrapez aucune. »

Les yeux de Pindar scintillent. « Merveilleux ! Voilà une façon exquise de l'exprimer. » Il continue de parler tout en écrivant dans un petit calepin qu'il vient de sortir de son veston. « Je dois absolument me souvenir de cela. Avez-vous une objection à ce que j'utilise ce commentaire brillant ?

– Non, allez-y, réplique Joe avec un geste éloquent de la main, prenez tout ce qui brille dans mon esprit car il en est rempli. » Il fait une pause et il ajoute : « Du moins, c'est ce que mon épouse dit toujours. »

Pindar éclate de rire en même temps qu'il remet son petit calepin dans la poche de son veston. Il met les deux mains sur ses genoux et regarde directement le jeune homme.

«Joe, j'aimerais faire quelque chose avec vous. J'aimerais vous montrer ce que j'appelle mes cinq lois de la réussite stratosphérique. Si vous pouviez m'accorder un peu de votre temps, disons, tous les jours pendant une semaine.

– Vraiment? dit Joe presque en bégayant. Pendant une semaine? Je… je ne sais pas de combien de temps je peux disposer…»

Pindar fait signe de la main comme pour dire: *Le temps ne signifie rien.* «Ce n'est pas un problème. Nous n'avons besoin que d'une heure par jour. Votre heure de lunch. Vous prenez chaque jour le temps de manger à l'heure du midi?»

Joe approuve d'un signe de tête, un peu abasourdi. L'homme est prêt à le rencontrer chaque jour pendant une semaine pour lui transmettre les principes de son secret commercial le plus précieux.

«Toutefois, dit Pindar, vous devez d'abord accepter mes conditions.»

Le cœur de Joe se serre soudainement. Il avait oublié l'existence de ces conditions. Brenda lui avait dit qu'ils fixeraient ensemble d'autres rencontres lorsque Joe accepterait les conditions de Pindar.

Joe dit la gorge serrée: «Je n'ai vraiment pas les moyens.»

Pindar lève alors les mains : «Je vous en prie, ne vous inquiétez pas, il ne s'agit aucunement de cela.

– Alors, dit Joe, dois-je signer une entente de non-divulgation ou… ?»

Cela provoque un grand rire retentissant chez Pindar. «Non, aucune entente semblable n'est à signer, ce serait plutôt le contraire. J'appelle ces cinq lois mon secret commercial, non pas parce que je ne veux pas que les gens les découvrent, mais pour exactement la raison contraire. J'appelle ces lois mon secret commercial pour que les gens les recherchent et les découvrent. De cette façon, ils leur accorderont la valeur qui leur revient. Car c'est vraiment une question d'honneur.

– Excusez-moi ?» Joe semble perdu.

Pindar sourit. «Le mot secret signifie à l'origine quelque chose que l'on garde précieusement, que l'on examine minutieusement, que l'on considère et qui se distingue pour sa valeur extraordinaire. À vrai dire, s'il n'en tenait qu'à moi, chaque personne connaîtrait ces cinq lois.

«En fait, ajoute-t-il, voilà exactement pourquoi j'ai établi ces conditions. Au fond, il n'y a qu'une seule Condition. Êtes-vous prêt ?»

Joe acquiesce.

«Il faut que vous acceptiez de mettre à l'épreuve chaque loi que je vais vous enseigner en l'expérimentant vraiment. Il ne s'agit pas ici d'y réfléchir ou d'en parler mais de la mettre en pratique dans votre vie.»

Joe s'apprête à acquiescer mais Pindar enchaîne.

«Et ce n'est pas tout. Vous devez mettre en pratique chaque loi immédiatement, le même jour où vous l'apprenez.»

Joe regarde alors Pindar pour voir s'il est vraiment sérieux. «Je la mettrai en pratique cette même journée avant de m'endormir ou bien je me transformerai en citrouille, n'est-ce pas?»

Le visage de Pindar se détend et esquisse un large sourire. «Non, vous ne vous transformerez pas en citrouille, mais si vous ne vous conformez pas à ma Condition, nos rencontres se termineront.

– Mais, balbutie Joe, sans vouloir être impertinent, comment le sauriez-vous?

– Une autre excellente question. Comment le saurais-je? approuve Pindar d'un air pensif. Je ne le saurais pas mais vous, vous le sauriez. Il s'agit d'autodiscipline. Si vous ne trouvez pas une façon de mettre en pratique chaque loi que je vous enseigne le même jour où vous l'apprenez, je crois bien que le matin suivant vous téléphonerez à Brenda pour annuler le reste de nos rencontres.»

Il regarde alors Joe.

«Je dois savoir si vous prenez ma proposition au sérieux. Mais ce qui est encore plus important:

vous devez savoir si vous prenez tout cela au
sérieux.»

Joe hoche la tête lentement. «Je pense que je
comprends. Vous voulez vous assurer que je ne
vous fais pas perdre votre temps. C'est bien ça?»

Pindar sourit. «Joe, sans vous offenser, je ne
crois pas que vous ayez ce pouvoir.»

Joe semble confus.

«Je parle du pouvoir de gaspiller mon temps.
Il n'y a que moi qui en décide. Et franchement, c'est
un mauvais penchant auquel j'ai renoncé depuis
longtemps. La raison de ma Condition est que je ne
veux pas vous voir perdre votre temps.»

Joe regarde alors la main tendue de Pindar. Il
la saisit et lui donne une poignée de main ferme.
Il ressent alors une vive émotion dans toute sa personne comme s'il venait de se lancer dans une
aventure digne d'Indiana Jones, et le large sourire
de Pindar et le sien se reflètent dans les yeux, l'un
de l'autre.

«Affaire conclue!»

3
La loi de la valeur

Vers midi ce lundi, Joe arrive au grand manoir en pierre, impatient de savoir ce que lui réserve cette journée. Il sait seulement qu'il doit rencontrer Pindar et un de ses amis, un magnat de l'immobilier qui a accepté de parler avec Joe de la première loi de la réussite stratosphérique.

Joe se pose encore des questions concernant toute cette affaire du «don» et si oui ou non ce secret commercial contient quoi que ce soit qui pourrait vraiment lui convenir personnellement.

«Mais cela fonctionne assurément dans le cas de Pindar», se dit-il tandis qu'il traverse en voiture la large allée bordée d'arbres. Et il n'est pas seulement

question ici du curriculum vitae de l'homme et de sa propriété magnifique. «*Le personnage respire la réussite. Il ne s'agit pas uniquement d'argent, c'est quelque chose de beaucoup plus puissant.*»

Il n'avait pensé à rien d'autre pendant toute la fin de semaine et il ne pouvait pas encore définir en quoi consistait ce «quelque chose».

Pindar était là à l'attendre tandis qu'il emprunte l'allée circulaire et s'arrête près des marches en pierre. Avant que Joe ne puisse couper le contact, Pindar ouvre la portière côté passager et monte dans l'auto.

«Cela vous convient-il si nous utilisons votre véhicule? Je ne veux pas que nous soyons en retard à notre rendez-vous.»

Joe ressent une pointe de déception, car il n'allait pas goûter de nouveau au célèbre café de Rachel.

«Voici», dit Pindar lui tendant une grande tasse de café fumant après avoir bouclé sa ceinture. «Vous pouvez le savourer tout au long de la route.»

Vingt minutes plus tard, ils arrivent au centre-ville et se garent devant le café italien-américain Iafrate. C'est manifestement bien plus qu'un simple café, ce restaurant à service complet est plein à craquer et il y a une file devant la porte.

Alors qu'ils se dirigent vers l'immeuble, quelqu'un les dépasse, se plaint d'un ton bourru du nombre de gens et heurte Pindar du coude. À la grande surprise de Joe, Pindar sourit simplement à cet homme.

Une fois à l'intérieur du restaurant, le maître d'hôtel s'approche d'eux et les escorte à une table.

« *Bien sûr*, pense Joe, *Pindar doit être en ce lieu une personnalité de marque.* »

« Merci, Sal », dit Pindar. Sal incline la tête devant Pindar et salue Joe. L'extrême courtoisie dont Pindar fait preuve envers chaque personne qu'ils croisent fait impression sur Joe et, au moment de s'asseoir, il interroge Pindar sur ce détail.

« Ça n'a jamais fait mal à personne d'être gentil avec les gens, réplique Pindar. Un jour, alors que j'étais un tout jeune homme, je me rendais à pied à la demeure d'une jeune dame pour la rencontrer lors de notre premier rendez-vous. J'étais nerveux. Au moment d'emprunter sa rue, un homme plus âgé fonça directement sur moi, cogna sa tête sur la mienne et m'écrasa le pied.

« Il était embarrassé car il n'avait pas bien regardé où il marchait et il était mortifié de m'avoir peut-être blessé. "Je n'ai aucun mal, l'ai-je assuré. On m'a dit que j'avais la tête dure. J'espère que vous n'êtes pas vous-même contusionné ?" Il a ri tout surpris. Je lui ai souhaité une merveilleuse journée et je me suis hâté d'aller rejoindre ma jeune dame.

« Environ quinze minutes après être arrivé à la maison de cette jeune femme, j'ai entendu la porte d'entrée s'ouvrir. "Papa! s'exclama-t-elle, je veux que vous rencontriez mon ami."»

Pindar fait une pause et jette un coup d'œil à Joe comme s'il s'attendait à ce que ce dernier finisse l'histoire.

«Et laissez-moi deviner, dit Joe, c'était l'homme qui vous avait heurté involontairement?

– C'était bien lui, dit Pindar, et il revenait d'une quelconque emplette dans un magasin. Il complimenta sa fille concernant son bon jugement et il lui affirma que j'étais un jeune homme attentionné et poli.

– Alors, vous pouvez dire que votre relation a bien commencé, remarque Joe.

Pindar sourit. «Vous pouvez en être sûr! Il en est encore ainsi aujourd'hui. Cette merveilleuse jeune femme est mon épouse depuis presque cinquante ans... Ernesto!» Il interpelle un homme qui se dirige vers eux. *«Buon giorno, caro»*, s'exclame Pindar.

Le corpulent personnage fait un grand sourire et se penche vers leur table.

«Vous allez me présenter votre nouvel ami?» La voix d'Ernesto avait gardé les couleurs d'un accent du nord de l'Italie.

«Ernesto, voici Joe.»

Un jeune serveur s'approche alors avec les menus, mais avant que Joe ou Pindar ne puisse prononcer un mot, Ernesto se tourne vers le jeune homme et lui défile une cascade de phrases en Italien. Le serveur s'éclipse alors en silence.

«Ernesto, dit Pindar, racontez à mon jeune ami comment vous avez débuté ici.»

Ernesto regarde Joe et lui dit: «Grâce à des hot-dogs.»

Joe n'en revient pas: «Des hot-dogs?

– Je suis venu ici, enchaîne Ernesto, il y a déjà plus de vingt ans. J'étais un jeune homme un peu étourdi. J'avais épargné juste assez d'argent pour m'acheter un kiosque à hot-dogs et le permis pour l'opérer. À vrai dire, le permis m'a coûté plus cher que le kiosque!»

Pindar rit alors tout bas et Joe a manifestement l'impression que son hôte a entendu cette histoire plusieurs fois auparavant.

«Ce fut dur au début dit Ernesto mais j'avais un certain nombre de fidèles clients, et de bouche à oreille, ma petite entreprise a pris son essor. Après quelques années, mon petit kiosque fut mentionné dans le guide annuel des meilleurs endroits en ville.»

Le chef Ernesto marque une pause tout en jetant un coup d'œil vers la rôtisserie.

«C'est vraiment sensationnel dit Joe! Le meilleur kiosque à hot-dogs en ville? C'est formidable!»

Pindar sourit et le corrige gentiment : « La meilleure expérience de repas à ciel ouvert dans la cité. »

Ernesto lève les deux mains en haussant les épaules avec modestie. « Ils ont été gentils avec moi.

– Mais, dit Joe en balbutiant, comment y êtes-vous parvenu ? Je veux dire, sans vous offenser, comment un kiosque à hot-dogs en arrive-t-il à prendre le pas, dans ce quartier, sur des cafés huppés avec terrasse ? »

Ernesto hausse de nouveau les épaules de façon théâtrale, ses sourcils et ses épaules bougent de concert comme pour dire : « Qui sait ? Il fait un clin d'œil à Pindar : « Chanceux ? » Il lance de nouveau un regard vers la rôtisserie : *« Scusi uno momento »* et il se lève et s'éloigne à grandes enjambées.

« Tout un personnage », remarque Joe tandis qu'il regarde Ernesto disparaître par une porte de la cuisine.

Pindar fait signe que oui : « C'en est tout un. En fait, Ernesto est le chef cuisinier de ce restaurant.

– Vraiment ? dit Joe.

– Tout à fait, réplique Pindar. À vrai dire, il possède le restaurant.

– C'est vrai ? » Joe ne cache pas sa surprise.

Leur serveur dépose des plats devant eux et Pindar le remercie. Ce dernier prend une première bouchée de son aubergine *parmigiana,* ferme les yeux et pousse un profond soupir de plaisir : « L'homme est un artiste.

– C'est délicieux », approuve Joe. Tandis qu'il se délecte de son magnifique repas, il pense que son épouse Susan adorerait cet endroit. Les deux hommes mangent en silence pendant environ une minute et Pindar reprend ensuite la parole.

« En fait, il possède maintenant une demi-douzaine de restaurants et des investissements de centaines de millions de dollars dans le secteur immobilier commercial. Tout cela a commencé avec un kiosque à hot-dogs. »

Joe échappe sa fourchette et regarde fixement Pindar, lequel continue de se régaler de son repas. « C'est cet homme que nous sommes venus rencontrer ici ? Le magnat de l'immobilier, c'est lui ? »

Ernesto se dirige de nouveau vers leur table tandis que Pindar murmure à l'intention de Joe : « Une chose très utile à retenir est la suivante : *les apparences peuvent être trompeuses.* » Il se tasse pour laisser de la place au chef. *« En vérité, elles le sont presque toujours. »*

Ernesto s'assoit près de Pindar. Au cours des cinq minutes suivantes, Pindar et lui-même proposent à Joe un bref résumé de l'histoire de sa carrière.

La réputation du jeune Ernesto Iafrate avait continué de grandir quand il fut « découvert » par plusieurs cadres d'entreprises qui délaissèrent les

établissements huppés locaux pour tenir leurs déjeu-
ners d'affaires au petit kiosque à hot-dogs installé
sur le trottoir.

Ernesto parle rarement de lui-même et de ses
succès. Un jour, un de ces clients réguliers d'entreprises, un homme qu'Ernesto appelle simplement
«le rassembleur», découvrit un jour les antécédents
d'Ernesto à titre de chef (Joe prend ici bonne note
de s'enquérir plus tard auprès de Pindar de la nature
de ce personnage mystérieux).

Impressionnés par l'esprit vif du jeune homme
en affaires et par son exceptionnelle ardeur à servir
les gens, quelques-uns de ces cadres créèrent une
société d'investissement et financèrent Ernesto pour
qu'il lance son propre restaurant.

«Et en l'espace de quelques années, intervient
Pindar, son petit café-restaurant fonctionnait si bien
qu'il a acheté nos parts, nous rapportant à tous par
le fait même un joli profit. Il ne s'est pas arrêté
là. Après avoir créé un ensemble de restaurants de
quartier, Ernesto a commencé à investir une partie
de ses profits dans des propriétés foncières contiguës
à ses restaurants. Au fil des années, il est devenu
l'un des plus importants propriétaires de biens
immobiliers commerciaux en ville.»

Pendant qu'il écoute, Joe réalise qu'Ernesto
possède une autre facette qu'il n'avait pas remarquée
en premier. Derrière ce personnage de chef italien
jovial, plus grand que nature, il y a une puissante

force de concentration et une résolution inébran-lable. Une fois conscient de cela, Joe est absolument fasciné. Il commence à comprendre pourquoi le petit groupe de cadres avait investi dans l'avenir de cet homme.

Joe comprend alors que Pindar avait mis l'accent sur le mot «expérience» pour une bonne raison. Ce n'était pas les hot-dogs mais la personne qui les servait qui a valu à ce jeune homme une telle popularité. Non pas le repas mais l'expérience du repas. Ernesto avait fait en sorte que l'achat d'un hot-dog devienne un événement inoubliable.

Surtout pour les enfants, avait fait remarquer Pindar.

«J'ai toujours eu de la facilité à retenir les pré-noms des enfants, explique Ernesto.

– Et à retenir leurs anniversaires, enchaîne Pindar, leurs couleurs préférées, leurs héros favoris de bandes dessinées, les prénoms de leurs meilleurs amis.» Il jette alors un coup d'œil à Joe et il insiste sur le mot suivant: «Et ainsi de suite.»

Ernesto hausse les épaules de façon caracté-ristique: «Que voulez-vous que je vous dise? J'aime les enfants.»

Les enfants se mirent à entraîner leurs parents au petit kiosque à hot-dogs. Peu après, les parents y amenaient aussi leurs amis. Ernesto avait également le don de se rappeler autant ce qui importait aux yeux des adultes qu'à ceux des enfants.

«Tout le monde aime être apprécié, dit Ernesto.

– Et c'est la règle d'or des affaires, ajoute Pindar : *Toutes choses étant égales par ailleurs…* »

Ernesto complète la phrase : «*…les gens soumettront et feront des affaires avec des personnes qu'ils connaissent, aiment et en qui ils ont confiance.*»

Il se tourne vers Joe : «Dites-moi, ce qui différencie un bon restaurant d'un grand ? Pourquoi certains restaurants se débrouillent bien alors que quelques-uns comme celui-ci se distinguent de façon *stratosphérique* ?

– C'est manifestement attribuable à une meilleure nourriture, réplique Joe sans aucune hésitation. »

Le rire ravi d'Ernesto emplit la pièce, plusieurs têtes se tournent et une vague de sourires se répand dans la salle à manger comme des ronds dans l'eau.

«Ah, mille mercis, monsieur, vous êtes un homme de bon goût ! Quoique notre nourriture soit très bonne, je dois admettre qu'il y a une demi-douzaine de restaurants dans le quartier dont les aliments sont aussi merveilleux que les nôtres. Pourtant, lors de leurs meilleures soirées, ils peuvent se compter chanceux de recevoir la moitié de la clientèle qui se présente ici. À quoi cela est-il attribuable, selon vous ?»

Joe ne sait absolument pas quoi répondre.

« Un mauvais restaurant, enchaîne Ernesto, essaie de vous donner juste assez de nourriture et de service, en quantité et en qualité, pour justifier le montant d'argent qu'il demande au client. Un bon restaurant s'efforce de donner le plus possible en quantité et en qualité pour le montant qu'il exige.

« D'autre part, un grand restaurant fait tout son possible pour défier l'imagination ! Son but est de fournir une meilleure qualité de nourriture et de service qu'aucun montant d'argent ne pourrait égaler. » Il regarde Pindar puis il se tourne de nouveau vers Joe : « Pindar vous a-t-il dit qu'il vous ferait part de ses cinq lois ? »

Joe acquiesce avec empressement. Il se rend compte qu'il est sur le point d'apprendre la première loi de la réussite stratosphérique !

Ernesto jette un autre coup d'œil à Pindar : « Devrais-je la lui dire ?

– Je vous en prie, réplique Pindar. »

Ernesto se penche vers Joe et prononce les mots suivants dans un murmure de conspirateur : *« Quand ce que vous donnez en valeur surpasse largement ce que vous exigez comme paiement, voilà ce qui détermine votre véritable valeur. »*

Joe ne sait pas trop quoi répondre. Donner plus en valeur que ce qu'on reçoit en paiement ? Est-ce cela leur grand secret ?

« Je m'excuse… je ne comprends pas, avoue Joe. Je veux dire, j'apprécie vos antécédents à leur valeur et votre histoire est manifestement… eh bien, stupéfiante. Mais honnêtement, cela ressemble à une recette qui mène à la faillite ! C'est comme si vous essayiez presque d'éviter de faire de l'argent.

– Aucunement. Ernesto lève alors l'index : Est-ce que cela rapporte de l'argent ? Ce n'est pas une mauvaise question, c'est même une grande question. C'est simplement une mauvaise première question. Cela vous oriente dès le départ dans la mauvaise direction. »

Il laisse Joe y réfléchir pendant un moment, puis il enchaîne : « La première question devrait être : "Est-ce que cela sert ? Est-ce que cela ajoute de la valeur à d'autres personnes ?" Si la réponse à cette question est oui, alors vous pouvez poursuivre et demander : "Est-ce que cela rapporte de l'argent ?"

– En d'autres mots, dit Joe, allez au-delà des attentes des gens et ils vous verseront encore plus d'argent.

– C'est une façon d'envisager cela, réplique Ernesto. Toutefois l'objectif n'est pas de faire en sorte que les gens vous paient davantage, mais de leur en donner plus pour leur argent. Vous donnez, donnez, donnez. Pourquoi ? Il hausse de nouveau les épaules. Parce que vous aimez le faire. Ce n'est pas une stratégie, c'est un mode de vie. Et quand vous le faites, ajoute-t-il avec un large sourire, alors des choses très profitables commencent à se produire.

– Un instant, dit Joe. Donc, des choses profitables commencent à se produire, mais je crois
que vous avez dit que vous ne pensiez pas aux
résultats.

– C'est exact, approuve Ernesto, vous n'en
tenez pas compte, mais ça ne veut pas dire qu'ils ne
se produiront pas !

– Et ces résultats surviendront assurément un
jour, ajoute Pindar. Toutes les grandes fortunes de
ce monde ont été créées par des hommes et des
femmes qui avaient une plus grande passion pour
ce qu'ils donnaient – leur produit, leur service ou
leur idée – que pour ce qu'ils en obtenaient. Et plusieurs de ces grandes fortunes ont été dilapidées par
d'autres gens qui éprouvaient une plus grande passion pour ce qu'ils obtenaient que pour ce qu'ils
donnaient. »

Tout ce qu'il entend rend Joe perplexe. À ses
yeux, leurs paroles ont du sens au moment même
où ces deux personnages les disent. Mais jusqu'ici,
tout cela ne semble pas correspondre à sa propre
expérience. « J'ai de la difficulté à voir comment
concilier tout ça avec ma propre expérience…

– Ah », dit Pindar, l'index levé en l'air, et inter-
rompant Joe au milieu de sa phrase.

– Quoi ? », s'exclame Joe, le visage blême.

Ernesto a un large sourire. Il se penche vers
Joe et dit : « Vous a-t-il parlé, vous savez, de la
Condition ? »

Joe est un peu perplexe pendant un moment, puis il comprend : « Ah oui ! La Condition. »

Pindar sourit. « Il ne s'agit pas de *voir* mais de *faire*. »

Joe pousse un soupir. « Oui, répète-t-il. Il me faut trouver une façon de mettre cette Condition en pratique. » Il regarde les deux hommes et il ajoute : « Sinon je serai transformé en citrouille. »

Les deux hommes éclatent de rire et Joe sent son visage se détendre et s'épanouir en un sourire. Pour l'instant, il a complètement oublié sa quête secrète au sujet de l'influence et de l'effet de levier.

Pindar est déjà debout. « Nous devons partir, car ce jeune homme doit retourner travailler.

– Qui voyez-vous demain Joe ? », demande Ernesto.

Joe regarde Pindar.

« Demain, nous rencontrons un authentique génie, réplique Pindar. Le PDG.

– Ah, dit Ernesto, en acquiesçant, le PDG. Très bien. Excellent. Ouvre bien les oreilles, jeune homme. »

Le PDG ! Joe essaie d'imaginer qui peut bien être cette personne.

La première loi

La loi de la valeur

—✦—

« Quand ce que vous donnez en valeur surpasse largement ce que vous exigez comme paiement, voilà ce qui détermine votre véritable valeur. »

4
La Condition

Lors de son trajet solitaire en voiture vers le bureau après avoir reconduit Pindar chez lui, Joe a l'impression que sa tête est en ébullition. Des bribes de la conversation du déjeuner reviennent constamment dans sa tête. Il repense à l'histoire d'Ernesto et essaie de percer le mystère qui s'y cache. Il sait que la clef est là. Pour une raison ou une autre, il est tout simplement incapable de la découvrir.

Jusqu'à présent, ces cinq lois de la réussite stratosphérique ressemblent davantage à une bonne dose de naïveté que Joe aurait vraisemblablement empruntée à Mr Rogers[2] plutôt qu'à Warren Buffett[3].

Vous donnez, donnez, donnez. Pourquoi ? Parce que vous aimez le faire. Ce n'est pas une stratégie, c'est un mode de vie.

Tandis qu'il médite ces pensées, Joe se rend compte qu'une réflexion insistante occupe son esprit. Après s'être assis à son bureau et avoir entrepris ses tâches routinières, il réalise soudain la nature de ce raisonnement tenace.

Influence et effet de levier.

Son quota du troisième trimestre ! Il lui faut absolument trouver la façon de décrocher le budget BK avant vendredi. Ses rencontres avec Pindar font-elles en sorte qu'il se rapproche de cet objectif ? Il repense à sa première rencontre avec Pindar le samedi précédent.

Et il étouffe un grognement à cette idée.

La Condition.

Joe regarde ses collègues autour de lui et il se demande avec inquiétude si l'un d'eux a remarqué son grognement ou même entendu ses pensées. La

---

2. Fred Rogers était un acteur, animateur de télévision, compositeur, producteur et scénariste américain né le 20 mars 1928 à Latrobe, Pennsylvanie (États-Unis), décédé le 27 février 2003 à Pittsburgh (Pennsylvanie).
3. Warren Buffett, homme d'affaires et investisseur américain considéré comme l'homme le plus riche du monde.

Condition. Il est censé mettre en pratique la loi de la valeur, immédiatement, avant la fin de la journée.

Mais comment?

Son téléphone sans fil sonne et il décroche le combiné.

«Ici Joe.

– Salut Joe, Jim Galloway à l'appareil.»

Joe éprouve un serrement de cœur quand il entend le ton désolé de la voix de Jim. Ce dernier est un avocat avec lequel Joe travaille de temps à autre. Ils ont joué au tennis à quelques reprises, en double avec Susan et l'épouse de Jim. C'est un bon gars. Et d'après le ton de sa voix, Joe en déduit qu'il téléphone pour annoncer que l'entreprise de Joe n'obtient pas le renouvellement de contrat avec une société multinationale que Jim représente.

«Je suis désolé, mon ami, j'ai essayé. Ils disent qu'ils ont besoin de quelqu'un possédant des relations commerciales plus solides à l'étranger. Je viens tout juste de leur parler. Je ne pouvais pas faire grand-chose de plus.»

D'abord le budget BK et maintenant celui-ci! Joe prend bien soin de ne pas laisser voir sa déception dans sa voix. «Aucun problème, Jim. À la prochaine.» Il s'apprête à raccrocher, puis il ramène le combiné près de son oreille et dit: «Hé, Jim?» Il attend un moment, puis il entend la voix à l'autre bout du fil.

«Joe ?

– Oui, Jim, restez en ligne une seconde.» Il se penche et ouvre le tiroir du bas de son bureau où il conserve un fichier de cartes professionnelles stratégiques à propos de la concurrence. Ces cartes représentent les gens dont sa mission quotidienne consiste à les surpasser et les devancer. Après une brève recherche, il découvre la carte qu'il désire.

Il regarde fixement la carte et pense en lui-même : *«Donnez davantage en valeur ? Eh bien, je laisse aller ici quelque chose qui n'est pas rien.»*

«Jim ? Voici, téléphonez à cet homme. Ed Barnes, B-A-R-N-E-S. J'ai entendu dire qu'il est assez solide à l'étranger… Oui, c'est un concurrent. J'ai simplement pensé qu'il pourrait être en meilleure position pour vous aider.»

Joe ne sait pas s'il a davantage envie de rire que de pleurer quand il entend ces mots sortir de sa propre bouche. «Non, vous ne me devez rien, Jim. J'espère seulement que ça marchera pour vous. Je suis désolé de n'avoir pas pu vous aider cette fois-ci.»

Il raccroche le téléphone, le regarde fixement pendant un instant, puis demeure incrédule devant ce qu'il vient tout juste de faire.

«Ce gars vient de me laisser tomber et je lui communique une indication de client ? marmonne-t-il. Et j'envoie de bonnes affaires à un concurrent !»

Il lève les yeux et aperçoit Gus à la porte de son bureau en train de le regarder. Gus sourit et fait signe que oui de la tête.

Joe lui sourit à son tour et s'affaire ensuite à du travail de bureau.

5
La loi
de la compensation

Le jour suivant, Joe se présente à midi à la réception de l'entreprise Systèmes d'apprentissage pour enfants. Une femme énergique, ayant atteint la fin de la soixantaine, l'accueille. Sur son bureau trône une énorme plaque de cuivre sur laquelle est écrit simplement MARGE.

« Vous êtes ici pour rencontrer le PDG, n'est-ce pas ? », affirme-t-elle avec assurance, et sans attendre une réponse, elle lui tend la main : « Je m'appelle Marge.

– Oui», acquiesce Joe en serrant la main offerte. Il regarde ensuite nerveusement autour de lui se demandant où Pindar peut bien être.

«Suis-je arrivé trop tôt?

– Vous vous demandez où est votre ami, M. Pindar? Il a laissé un message pour vous faire savoir qu'il sera bientôt là. Ne vous inquiétez pas. Je vais vous installer tout de suite dans la salle de conférence. Nicole va s'occuper de vous et vous offrir une tasse de café.»

Joe suit la femme à travers un corridor très éclairé. Elle ouvre la porte de la salle de conférence. Joe pénètre lentement à l'intérieur et s'arrête net une fois entré. «Par tous les saints!»

Il n'avait jamais vu une telle salle de conférence.

Il s'attendait à voir une grande table en acajou, au lustre étincelant, munie des plus récents équipements nécessaires à la tenue d'une téléconférence. Au lieu de cela, la pièce est remplie de petites tables de bois alignées, lesquelles sont encombrées de tubes de pâtes à modeler, de cure-pipes de toutes les couleurs, de piles de papier de construction et d'une impressionnante quantité de crayons à colorier. Des chevalets pour enfants, disposés le long des murs, sont couverts de dessins peints avec les doigts. Certains de ces dessins décorent les murs.

Ce n'est pas tant le mobilier qui fait que Joe ouvre de grands yeux, mais le chaos qui règne dans la pièce.

Une douzaine de personnes, de la fin de la vingtaine au début de la soixantaine, se tiennent debout, parlent, gesticulent et rient en même temps. Elles sont toutes activement affairées à ce qui ressemble aux yeux de Joe, à la délirante quête d'un authentique désordre. Certains pétrissent des mottes de pâte à modeler, d'autres étalent de la peinture avec leurs doigts sur les toiles de leurs chevalets. Une femme contemple fixement un enchevêtrement de cure-pipes qu'elle tient à la main, avec tout le sérieux de Hamlet regardant le crâne de Yorick.

Joe en reste bouche bée. Il vient de quitter le monde de la culture d'entreprise et se retrouve soudainement dans une classe de maternelle.

Sans perdre un instant, Marge referme simplement la porte et emprunte de nouveau le couloir vers la prochaine salle, priant Joe de la suivre. « Je suppose que c'est une autre salle de conférence. »

L'air ahuri, Joe marmonne des remerciements tandis que Marge referme la porte derrière lui.

Joe se retrouve seul dans une pièce équipée à peu près comme celle qu'il vient tout juste de visiter. Il se dirige lentement vers le centre de la pièce, et il s'émerveille de la pure exubérance, de l'énergie débordante des œuvres d'art qui ornent les murs.

La porte s'ouvre doucement. Joe pivote sur lui-même et se retrouve face à face avec une jeune femme souriante. Joe hume l'arôme familier d'un pot de café fumant.

«Bonjour, je m'appelle Nicole.» Son sourire est si étincelant que Joe cherche pendant un instant ses verres fumés. «Vous devez être Joe?»

Il acquiesce.

«Pindar a téléphoné, il sera ici dans deux minutes. Prendrez-vous un café en attendant? Ce sera vraisemblablement le meilleur café que vous ayez goûté dans votre vie.

– Oui, je vous en prie, merci.» Joe semble retrouver finalement la voix. Tandis que Nicole se met à lui verser une tasse de café, il regarde la pièce et demande: «Alors, dites-moi, vais-je vraiment rencontrer le PDG?

– C'est ce que j'ai entendu dire, réplique-t-elle.

– Oui, mais je veux dire, allons-nous vraiment nous rencontrer dans cette pièce?»

Elle jette un coup d'œil autour d'elle: «C'est un peu différent, n'est-ce pas?

– Pas rien qu'un peu, dit Joe. C'est… délirant, c'est hallucinant.

– Merci», dit-elle.

Joe la regarde avec étonnement. «Vous avez quelque chose à voir avec cette pièce?»

Elle parcourt des yeux toute la salle et s'arrête sur chaque détail avec un air approbateur. «J'ai créé le design de cette pièce et j'ai réuni presque tous ses éléments.

– Laissez-moi deviner : vous avez des enfants ? »

Un sourire mielleux se dessine alors sur son visage. « En effet, il me semble parfois que j'en ai des millions ! » Elle remarque l'expression de Joe et se met à rire. « Je suis professeure à l'école primaire, explique-t-elle. Du moins je l'étais avant de venir travailler ici. »

Joe jette de nouveau un coup d'œil sur les murs.

Nicole sourit. « Croyez-le ou non, des adultes se rencontrent réellement dans cette salle et ils arrivent vraiment à y accomplir bien des choses. Vous n'avez pas idée de ce que la peinture avec les doigts et la pâte à modeler peuvent faire pour un groupe d'adultes supposément démodés.

– J'imagine », dit Joe en désignant de la tête la porte de la salle voisine. « Est-ce un... ? » Joe cherche une façon de compléter sa question. À quoi sert-elle cette salle ? « À un groupe de réflexion ou à autre chose ? À des parents ? »

Nicole sourit. « Ce sont les hauts responsables du marketing de l'entreprise. Ils sont en pleine séance de remue-méninges en vue de former un prochain groupe pour les marchés outre-mer. »

Les hauts dirigeants du marketing de l'entreprise ? Avant même que Joe ne puisse poser d'autres questions, il entend le bruit d'une porte qui s'ouvre et la voix râpeuse et familière de Pindar.

«Bonjour!» Pindar entre dans la pièce, se dirige vers la jeune femme et lui serre chaleureusement la main. «Nicole! Je vous remercie infiniment d'avoir pris le temps de rencontrer mon jeune ami. Je lui avais dit qu'il avait besoin de parler avec un véritable génie!»

La jeune femme rougit.

Un véritable génie? Joe essaie tant bien que mal de cacher son étonnement. Il s'était déjà entretenu avec le PDG, lequel avait été qualifié également de véritable génie.

«Nicole, enchaîne Pindar, je vous prie de rencontrer Joe, mon nouvel ami. Joe, voici Nicole Martin. Nicole dirige l'une des entreprises de logiciels éducatifs les plus prospères du pays.

– Pourtant, vous êtes si jeune!» Joe se sent un peu ridicule d'avoir dit cela, car cette femme a l'air d'avoir à peu près son âge.

– Pas vraiment aussi jeune que mes clients», réplique-t-elle avec un sourire.

Pindar s'assit, jambes croisées, à l'une des petites tables de bois et se met à fouiller dans le grand sac en papier qu'il traîne avec lui.

Nicole donne les explications suivantes: «Nous commercialisons plusieurs programmes d'apprentissage destinés à des services scolaires organisés, à travers les États-Unis, le Canada et dans treize autres pays. Mais n'ayez crainte, ajoute-t-elle, faisant miroiter de nouveau son sourire éclatant, un de ces jours nous allons vraiment avoir un succès fou. »

Pendant que Nicole parle, Pindar sort de son sac trois sandwiches, chacun bien enveloppé dans du papier ciré, et trois petites bouteilles d'eau minérale. « Voilà, madame et monsieur, annonce-t-il, c'est l'heure du déjeuner. »

Au cours de ce repas offert par Pindar, Joe prend connaissance de l'historique de Systèmes d'apprentissage pour enfants et des antécédents de sa fondatrice, Nicole Martin.

Nicole a été une enseignante talentueuse au niveau de l'école primaire. Les parents appréciaient vivement sa méthode d'enseignement, et ses élèves l'aimaient. Mais Nicole n'était pas heureuse. Elle se sentait limitée par un système qui se contentait seulement d'enseigner aux enfants comment mémoriser et réciter.

Pendant cette période, elle a inventé une série de jeux faisant appel à la créativité et à la curiosité intellectuelle des enfants. Elle était ravie de découvrir que ses inventions aidaient les enfants à apprendre et à grandir. Puis, elle devint de plus en plus frustrée de ne pas pouvoir aider plus de vingt ou vingt-cinq enfants à la fois. Et son salaire d'enseignante lui permettait à peine de survivre.

« Je présume que vous connaissez déjà la première loi de la réussite stratosphérique ? demande-t-elle à Joe.

– *Quand ce que vous donnez en valeur surpasse largement ce que vous exigez comme paiement, voilà ce qui détermine votre véritable valeur »*, réplique Joe.

«Excellent, dit-elle. Vous méritez une étoile en or! Mais si vous mettez en pratique cette loi, ça ne veut pas nécessairement dire que le paiement que vous recevrez augmentera. »

Joe est soulagé de l'entendre dire ces mots. Il avait pensé la même chose le jour précédent quand il avait entendu Ernesto expliquer cette loi.

«La première loi détermine à quel point vous avez de la valeur», enchaîne Nicole. «En d'autres termes, il s'agit ici de votre réussite potentielle et de combien d'argent vous pourriez gagner. Mais c'est la seconde loi qui détermine combien vous gagnez vraiment. »

Un jour, alors qu'elle s'entretenait avec un parent, Nicole avait mentionné à quel point les enfants aimaient les jeux qu'elle avait créés et combien ils semblaient en tirer profit. Sachant que ce père était un ingénieur en logiciels, elle lui demanda si elle pouvait l'engager pour évaluer ces jeux et voir s'il serait possible de les programmer sur des ordinateurs. Il accepta.

La semaine suivante, Nicole rencontra de nouveau le concepteur de logiciels. Cette fois-ci, elle emmena avec elle la mère d'un élève qui dirigeait une petite entreprise de marketing et de publicité. Quelques jours plus tard, ces trois personnes formèrent ensemble une entreprise.

Nicole s'organisa pour rassembler une mise de fonds initiale grâce à un ami d'un ami, un homme appelé simplement le «rassembleur». (*Voilà à nouveau ce «rassembleur!»* pense Joe. Il va falloir qu'il interroge Pindar à ce propos.) En l'espace de quelques années, leur jeune entreprise de logiciels éducatifs atteignait plus de deux cents millions de dollars de chiffre d'affaires annuel à travers le monde.

À titre de fondatrice et de PDG de Systèmes d'apprentissage pour enfants, Nicole a également été consultante pour des systèmes scolaires, des organisations de parents qui enseignent à domicile, et des chercheurs en éducation à travers le pays.

«Grâce à notre entreprise, nous nous attendons à rejoindre, à toucher les existences de vingt à vingt-cinq millions d'enfants, fait-elle remarquer. Et cela en un mot est la seconde loi, celle de la compensation:

> *« Votre revenu est déterminé par*
> *le nombre de personnes que vous servez*
> *et dans quelle mesure vous les servez bien. »*

Elle fait une pause, puis elle ajoute: «Ou en d'autres termes: *Votre compensation est directement proportionnelle au nombre d'existences que vous touchez, que vous rejoignez.* »

Nicole s'assoit ensuite et achève calmement de manger son sandwich, laissant à Joe la chance d'assimiler la loi de la compensation. Après un bref silence, il se met à réfléchir à voix haute.

« Vous savez, il m'a toujours semblé injuste de constater à quel point les vedettes de cinéma et les athlètes de haut niveau gagnaient des salaires aussi astronomiques. Ou comment des PDG et des fondateurs d'entreprises pouvaient obtenir des gains aussi élevés. Cela dit sans vous offenser », ajoute-t-il aussitôt.

Elle hoche la tête de bonne grâce et lui fait signe de continuer.

« Mais les gens qui accomplissent de grandes œuvres, des travaux d'une grande noblesse, comme les professeurs, n'ont jamais été payés pour ce qu'ils valent. Cela m'a toujours paru arbitraire. En fait, vous dites qu'il n'est pas seulement question de leur valeur, mais que c'est aussi une question d'impact. »

Nicole et Pindar échangent alors des regards de triomphe, ravis que Joe ait saisi aussi rapidement cette loi.

« Exactement, s'exclame Nicole. Et il y a deux choses extraordinaires qui en ressortent. Premièrement, cela signifie que vous réussissez à déterminer votre niveau de compensation – il est sous votre contrôle. Si vous voulez obtenir davantage de succès, trouvez une façon de servir encore plus de gens. C'est aussi simple que ça. »

Joe réfléchit pendant un instant à ce que Nicole vient de dire, puis il acquiesce. « Et quelle est donc l'autre chose extraordinaire ?

– Cela signifie également qu'il n'y a aucune limite à ce que vous pouvez gagner car vous pouvez toujours trouver d'autres gens à servir. Le révérend Martin Luther King Jr a dit un jour : "N'importe qui peut devenir quelqu'un de grand car n'importe qui peut servir." Une autre façon de le dire pourrait être : "N'importe qui peut réussir car n'importe qui peut donner." »

Pindar observe Joe attentivement depuis quelques minutes. Puis il lui dit : « Vous avez une question ? »

Joe fait signe que oui. Il demande à Nicole : « Cette première rencontre m'intrigue, celle que vous avez eue avec le papa ingénieur en logiciels et la maman dans le domaine du marketing. Ne vous est-il pas venu à l'esprit qu'ils pourraient prendre vos idées et s'enfuir avec elles ? »

Nicole affiche un air perplexe : « S'enfuir avec elles ?

– Je veux dire, vous voler vos idées. S'enfuir avec le concept et vous évincer complètement de l'affaire. »

Nicole sourit : « À dire vrai, cette pensée ne m'est jamais venue à l'esprit. Je pensais seulement à tout le bien que nous pourrions accomplir. » Elle a soudainement un air pensif, suivi d'un petit rire. « Mais c'est à ce moment-là que j'ai traversé une intéressante période d'adaptation. Et c'est alors que j'ai vraiment commencé à comprendre la loi de la compensation.

«Quand j'ai réalisé à quel point cette entreprise naissante pourrait devenir importante, j'ai presque saboté toute l'affaire. Soudainement, tout cela m'a rendue nerveuse.

– Pourquoi? Avez-vous eu peur que l'entreprise échappe à tout contrôle et qu'elle se disloque?»

Elle rit. «Non, bien au contraire. J'ai eu peur qu'elle échappe à tout contrôle et qu'elle devienne vraiment couronnée de succès.

«On m'a élevée avec la conviction qu'il y a deux types de personnes dans le monde. Il y a ces gens qui deviennent riches et ceux-là qui se tirent d'affaire. Je suis convaincue que l'on appartient à l'un ou l'autre groupe. On ne peut pas faire partie des deux groupes à la fois.

«Les personnes devenues riches y sont parvenues en profitant d'autres gens. Les personnes qui s'occupent vraiment des gens et leur fournissent des services – tels les policiers, les infirmières, les travailleurs bénévoles et, bien sûr, les professeurs – représentent pour moi les bonnes personnes de ce monde, et elles ne peuvent jamais être riches car ce serait une contradiction dans les termes.

«Du moins, on m'a élevée dans cette croyance.»

Joe est fasciné. «Alors, qu'est-il arrivé?

– J'ai observé à quel point mes associés travaillaient dur. J'ai constaté que nous transformions

l'existence de nombreux enfants. Et j'ai pris cons
cience que mon vieux système de croyances me
créait des difficultés. Il ne me servait pas. J'ai donc
décidé de le changer.

– Vous avez simplement décidé ?

– Oui. J'ai décidé.

– Alors, c'est aussi simple que ça ? dit Joe.

– N'importe qui peut le faire. Elle sourit et
remarque le regard peu convaincu de Joe. Avez-
vous déjà inventé une histoire ? »

Joe jette un coup d'œil à la salle de conférences
et de jeux. Il se remémore ses journées passées à
l'école maternelle et il sourit. « J'avais l'habitude
d'en inventer… Plein d'histoires !

– Votre vie fonctionne de la même façon, dit-
elle. Vous l'inventez tout simplement. *Être sans le sou
ou être riche sont des choix, des décisions.* Vous les prenez
là ces décisions. » Elle touche alors sa tempe avec
son index. « Tout le reste dépend simplement du
déroulement des événements. »

Joe repense à sa conversation du samedi matin
avec Pindar. *Vous obtenez ce sur quoi vous concentrez votre
attention.*

Tout à coup, Joe entend un grand cri de joie
provenant de la salle de conférences tout à côté. Un
hourra retentissant éclate, lequel se transforme en
applaudissements et en rires dispersés.

Nicole sourit. «Je crois que nous venons tout juste de trouver notre nouvelle stratégie de marketing pour l'Asie et le Pacifique.»

Pindar est debout et ramasse les papiers d'emballage et les bouteilles qui ont servi pour le repas. De son côté, Joe serre la main de Nicole et la remercie pour le temps qu'elle lui a consacré.

«Quel est donc votre emploi du temps pour demain, Joe?»

Joe regarde Pindar d'un air interrogateur.

«Demain nous allons rendre visite à Sam», dit-il.

– Ah, dit Nicole, vous allez aimer Sam.

– Sam est le conseiller financier principal de Nicole, explique Pindar. Le mien aussi.»

Tandis que Pindar serre Nicole dans ses bras et dit au revoir à chacun, Joe jette un coup d'œil sur la pièce. Il regarde les chevalets, la peinture qu'on étend avec les doigts, la pâte à modeler, le papier de bricolage et tout l'attirail de la classe de maternelle, et une pensée le frappe.

«Ils inventent des histoires, songe-t-il en lui-même. Ils s'assoient dans cette pièce et créent des histoires. Ils les peignent et leur donnent une forme, puis ils font en sorte que cela se produise partout sur la planète – un chiffre d'affaires de plus de deux cents millions de dollars!»

«Vous n'avez qu'à l'inventer», dirait Nicole.

La deuxième loi

La loi
de la compensation

～

« *Votre revenu est déterminé par
le nombre de personnes que vous servez
et dans quelle mesure vous les servez bien.* »

6

Tout en servant
le café

Le trajet vers l'extérieur de la ville se déroule dans le calme. Un ami de Pindar avait déposé ce dernier un peu plus tôt à Systèmes d'apprentissage pour enfants. Joe reconduit maintenant Pindar chez lui. Ce dernier semble content de voir le paysage défiler, abandonnant Joe à ses propres pensées.

Tout comme il l'avait fait après son repas avec Ernesto, Joe reconstitue en ce moment sa conversation avec Nicole Martin, essayant de bien comprendre tout ce qu'il a entendu.

Que s'est-il donc produit pour que cette jeune femme parvienne à une réussite aussi étonnante? Est-ce aussi simple que ce qu'elle a appelé la loi de la compensation?

Au moment où Joe s'engage dans l'allée de Pindar pour l'y déposer, Rachel est debout devant la porte principale, tenant à la main un petit paquet. Pindar sort de l'auto et Joe penche la tête à l'extérieur du véhicule pour dire un mot à Rachel.

«Excellent repas, Rachel! Mille mercis!»

Rachel s'approche de l'auto et remet le paquet à Joe. «Il n'y a pas de quoi.»

L'arôme révèle immédiatement la nature de ce présent. Un demi-kilo du fameux café de Rachel, fraîchement moulu pour Joe.

Lors du trajet de retour vers son bureau, Joe pense à Nicole Martin, la PDG du conseil d'administration de l'école maternelle et il se demande comment diable il pourrait parvenir à mettre en pratique la loi de la compensation. Il est encore aux prises avec ses pensées quand il appuie sur le bouton de montée de l'ascenseur qui l'amènera au septième étage, chez Clason-Hill Trust.

En ce bel après-midi, Melanie Matthews est complètement concentrée sur son rapport de fin de trimestre. Soudain, un délicieux arôme vient lui chatouiller les narines. Elle lève les yeux et elle est toute surprise de voir Joe lui apporter une tasse de café frais et fumant.

« Moitié lait, moitié crème, un sucre », dit-il à voix haute en déposant avec soin la tasse sur le bureau de Melanie.

C'est exactement ainsi que Melanie aime son café, même si elle ne se souvient pas l'avoir déjà mentionné à Joe. Et cet incroyable arôme ! Elle le remercie et prend une petite gorgée.

C'est le meilleur café qu'elle a goûté de toute sa vie.

Au cours des trente minutes suivantes, Joe apporte une tasse du savoureux et brûlant café à chaque collègue du septième étage. Il connaît bien quelques-uns d'entre eux, certains autres vaguement, et il y en a d'autres encore qu'il n'a jamais rencontrés. Tous sont à la fois surpris et ravis de voir ce jeune homme débrouillard prendre le temps de leur servir un café frais, au moment même où ils se débattent avec leur propre charge de travail, relativement à la date limite du troisième trimestre. Deux ou trois collègues ont l'air carrément intrigués et ils hochent la tête en guise de remerciement muet, se faisant la réflexion suivante : *« Je me demande ce qui se passe avec lui ? »*

Quand Joe revient à son propre bureau avec la dernière tasse, Gus est là à l'attendre.

« Gus, voulez-vous une autre tasse ?

– Non merci. J'ai tout ce qu'il me faut. » Gus se cale dans son fauteuil et observe Joe avec curiosité.

« Très bien, dit Joe, vous connaissez cet homme au sujet duquel je vous ai questionné la semaine dernière ? Pindar ? Eh bien, en fin de semaine, je suis allé le voir.

– Ah, dit Gus, et en quoi cela consiste-t-il ? Est-ce une sorte de devoir que vous devez effectuer ? »

Joe hausse les épaules. « Plus ou moins. Hier, il me fallait donner davantage en valeur que ce que je recevais en paiement.

– Ah ! Est-ce l'indication de client que vous avez fournie à Jim Galloway ? »

Joe rougit fortement. Donc, Gus l'avait entendu par hasard fournir cette information à Jim.

« Aujourd'hui, il me fallait élargir le nombre de personnes que je sers. »

Gus laisse échapper un rire discret : « C'est pourquoi vous avez servi le café à vos collègues ?

– C'est exact. Joe jette un coup d'œil circulaire sur l'étage. Je crois que cela va changer complètement le bilan du troisième trimestre. »

Gus le regarde alors d'un air interrogateur, puis il réalise que Joe plaisante.

« Hé ! ajoute Joe, c'est la seule chose qui m'est venue à l'esprit. De plus, ce n'est pas seulement du café, c'est le fameux café de Rachel. »

Gus sourit en se levant debout : « Je suis content que vous ayez rencontré cet homme. Dites-moi donc, Joe ?

– Bien sûr, que voulez-vous savoir?»

Gus jette alors un coup d'œil autour de lui. «Comment vous êtes-vous senti lorsque vous avez servi tous ces gens?»

Joe réfléchit un instant, puis il regarde Gus dans les yeux: «Pour dire vrai, je me suis senti comme un idiot.»

Gus rit de nouveau, se penche ensuite vers Joe et dit: «*Parfois on se sent ridicule, on a même l'air fou, mais on accomplit quand même ce qu'on doit faire.*»

Sur ces mots, il saisit sa veste de tweed sur le portemanteau mural et retourne chez lui.

7
Rachel

Quand Joe se présente chez Pindar vers midi, le jour suivant, Rachel le conduit dans le bureau et lui offre une tasse de café que Joe accepte avec gratitude.

« "Le vieux" sera là bientôt » dit Rachel avec un petit rire.

« Soit dit entre nous, dit Joe, je crois que c'est la troisième ou quatrième fois que j'entends l'expression "le vieux". Pourquoi donc chacun l'appelle-t-il ainsi ? Il n'y pas de quoi plaisanter ! »

Rachel dépose son petit plateau et s'appuie sur un des énormes fauteuils. « Quel est l'âge de Pindar selon vous ?

– À vrai dire, je ne sais pas, cinquant-huit, cinquante-neuf ans ? Le début de la soixantaine, peut-être ?

– Vous vous en rapprochez dit Rachel avec un grand sourire. Il a soixante-dix-huit ans.

– Sans blague ! s'exclame Joe.

– Et même s'il approche de quatre-vingts ans, il est un des êtres les plus jeunes que je connais. Avez-vous remarqué à quel point il est énergique et enthousiaste ? À quel point il est curieux de tout et… à quel point il semble toujours s'intéresser à tout ? »

Joe fait signe que oui.

« Je vais vous confier autre chose, enchaîne Rachel : il en fait plus, voyage davantage que la plupart des hommes qui ont la moitié de son âge. Personne parmi nous ne peut suivre son rythme.

– Vraiment ? » Le dynamisme de Pindar n'avait pas particulièrement frappé Joe. « Mais il toujours l'air tellement détendu. »

Rachel rit. « Mais oui, il semble détendu car il l'est vraiment. Qui a dit qu'on accomplit davantage de choses quand on est anxieux ? »

Joe doit admettre que cet argument est plein de sens. Il avait toujours considéré comme allant de soi que le fait d'accomplir beaucoup de choses signifiait invariablement un haut niveau de stress. D'un autre côté, il connaissait plusieurs personnes complètement stressées et qui, pourtant, n'accomplissaient pas vraiment beaucoup de choses.

«Qui donc allez-vous rencontrer aujourd'hui? demande Rachel.

– Sam. Son conseiller financier.

– Ah oui, Sam! Rachel a un grand sourire. Vous allez aimer Sam.

– C'est ce qu'on m'a dit, réplique Joe.

– Bien sûr que oui, il va l'aimer.» Pindar est debout, tout rayonnant, à la porte du bureau. «Tout le monde aime Sam!»

Au moment même où il a entendu la voix de ce conteur d'histoires, Joe s'est senti détendu. Il remarque que cette voix a le même effet sur Rachel. Il soupçonne qu'elle a cette portée sur tout le monde.

Tandis que Joe franchit la grande grille d'entrée en fer forgé et se dirige vers le centre-ville au volant de son véhicule, il pense à la brève conversation qu'il a eue avec elle et il questionne Pindar à son sujet.

Rachel est originaire d'un quartier pauvre et elle a commencé à travailler à quinze ans à peine pour soutenir financièrement sa famille. Elle a occupé différents emplois. Elle a fait des ménages, des aménagements paysagers, elle a été téléphoniste, serveuse et cuisinière dans un restaurant, elle a travaillé dans le domaine de la construction, elle a peint des maisons, et elle a fait bien d'autres choses. Finalement, grâce à cette série d'emplois, elle est parvenue à faire des études supérieures.

Elle a apprécié certaines de ces besognes plus que d'autres. Toutefois, elle a abordé chacune comme si elle l'aimait. Elle a fait cela en gardant à l'esprit que quel que soit le prix qu'elle attachait ou non à chacune de ces tâches, elle goûtait cette opportunité de survivre, d'épargner et de servir.

«Survivre, épargner et servir? dit Joe. Ça ressemble à une devise.

– Ça pourrait aisément l'être, convient Pindar. Il existe trois raisons universelles de travailler. *Survivre* pour répondre à vos besoins vitaux essentiels. *Épargner* pour aller au-delà de vos besoins essentiels et pour élargir les horizons de votre vie. Finalement, *servir* pour contribuer à ce monde autour de vous.»

Joe pense alors à la réflexion de Nicole Martin au sujet de sa propre crainte de la réussite à ses débuts. *«Ce n'était pas ça servir»*, avait-elle dit.

«Malheureusement, enchaîne Pindar, la plupart des gens concentrent leur vie entière sur la première raison universelle. Un nombre moins grand focalise leur attention sur la seconde raison. Mais les quelques personnes qui réussissent vraiment, pas seulement financièrement, mais qui ont un succès authentique dans tous les aspects de leurs vies, se concentrent carrément sur la troisième raison, le service.»

Survivre, épargner et servir. Joe repasse ces trois mots dans sa tête tandis que Pindar continue l'histoire de Rachel.

Il y a environ un an, Pindar avait acheté quelques livres chez un libraire où Rachel était gérante de la section café. Après avoir fait son achat, il s'y arrêta pour une tasse de café.

«Je viens tout juste de préparer une nouvelle cafetière, lui dit Rachel. Si vous n'êtes pas pressé, pourquoi ne pas vous asseoir confortablement sur n'importe quel des fauteuils de lecture et je vous apporterai une tasse aussitôt que le café sera prêt.»

Pindar fut impressionné par les manières de la jeune femme. Il fut encore plus ravi quand il goûta au café.

Rachel avait indéniablement le don de réussir un café vraiment savoureux. Elle avait instinctivement la façon de choisir, de mélanger, de torréfier et de moudre les grains de café pour en faire ressortir les saveurs et les arômes les plus fins. Elle avait l'adresse d'un maître artisan quant il s'agit d'établir un équilibre parfait entre le temps et la température.

Elle savait comment conserver ses appareils étincelants de propreté et exempts de l'accumulation de toute huile amère, et elle savait comment sélectionner les sources d'eau les plus pures. Son café était toujours délicieux, exquis.

«Chaque fois que quelqu'un lui demandait son secret, dit Pindar à Joe, elle riait tout bonnement et disait qu'elle était colombienne dans une proportion d'un huitième.»

Il advint que Pindar et son épouse recherchait quelqu'un pour remplacer leur cuisinier personnel, à qui on venait tout juste d'offrir un poste comme chef cuisinier dans un hôtel cinq étoiles. Quelqu'un sachant cuisiner et préparer un café aussi bon serait le remplaçant idéal selon les critères de Pindar. Étant donné que Rachel venait tout juste de compléter son dernier trimestre au collège, elle était disponible.

Il engagea Rachel sur-le-champ.

La jeune femme obtint rapidement un énorme succès auprès du flot régulier des associés qui s'arrêtaient chez Pindar, incluant les PDG de certaines des plus importantes entreprises de la nation. Quelques-uns ont même laissé entendre qu'ils pourraient essayer d'embaucher Rachel au vu et au su de Pindar.

Mais ce dernier les a mis en garde en leur disant que s'ils tentaient quelque chose dans ce sens, ils n'auraient plus accès à son service de consultation. Un PDG, après avoir entendu cela, but d'un air pensif une longue gorgée du célèbre café et murmura : «Oui, eh bien… Il va falloir que je m'en accommode, que j'accepte les termes de Pindar.»

Pindar éclate de rire après avoir prononcé cette phrase et Joe rit avec lui. Joe a aussi le sentiment que l'histoire de Rachel ne s'arrête pas là, mais il lui faudra attendre car ils arrivent à destination.

8
La loi de l'influence

Au vingt-deuxième et vingt-troisième étages de la tour de bureaux la plus haute et la plus moderne du quartier des affaires, est perché le bureau principal régional de la compagnie d'assurance vie Financière Liberté.

La plupart des vingt-quatre étages de l'édifice ont été loués à de grandes sociétés de placement et à de prestigieux cabinets d'avocats. Les bureaux de Sam surplombent la tour et occupent le vingt-quatrième étage au complet. Joe et Pindar y ont rendez-vous.

Après avoir franchi avec Joe la porte d'entrée, Pindar signe le registre en présence d'un gardien de sécurité. Ils traversent ensuite un hall meublé avec goût et pénètrent dans un ascenseur vitré, encadré de riches motifs en filigrane, tandis que leurs pieds s'enfoncent dans un moelleux tapis bleu royal.

« Ils doivent sûrement vendre des tas de polices d'assurances, chuchote Joe.

– Cette succursale est la plus florissante de cette compagnie, qui est aussi la plus importante institution financière du monde », lui murmure à l'oreille Pindar. « Vous êtes sur le point de rencontrer celui qui, à lui seul, est responsable des trois quarts des revenus de cette succursale.

– Vous devez être Joe ! » Un homme radieux, aux cheveux blancs, empoigne sa main dans les siennes et la secoue vigoureusement. Il a une voix éraillée. « Il est à peu près temps que "le vieux" me présente quelqu'un avec qui je pourrai avoir une conversation divertissante. Il se fait gâteux ! » Sam tapote alors amicalement Pindar sur l'épaule.

C'est en riant que Sam enjoint ses invités à le suivre et à prendre place dans deux somptueux fauteuils de cuir. Du regard, Joe examine les lieux. L'aire de travail du vingt-quatrième étage est vaste et fait penser davantage à un hangar d'avions qu'à un siège social. La voûte du plafond et d'immenses puits de lumière atteignent plus de six mètres de hauteur.

À travers les deux énormes pans de verre qui délimitent le périmètre du bureau, Joe aperçoit au-delà de la ville un magnifique paysage de montagnes du côté de l'ouest. Joe quitte des yeux le panorama et concentre de nouveau son attention sur la conversation au moment où Pindar et Sam s'entretiennent de la carrière de Sam.

Sam Rosen a débuté dans le milieu comme simple agent d'assurance qui tire le diable par la queue. Au fil des ans, il a acquis la réputation d'être un homme d'affaires particulièrement fiable. Les gens ont commencé à faire appel à ses services comme négociateur ou comme médiateur dans des affaires plus délicates. Après être devenu le meilleur vendeur de sa compagnie, il a élargi ses horizons en servant comme conseiller financier, à tous les niveaux, pour des clients triés sur le volet.

Au début de la soixantaine, Sam a changé de nouveau d'orientation. Il s'est mis à travailler pour des sociétés à but non lucratif venant en aide aux démunis, aux sans-logis et aux gens n'ayant pas de quoi se nourrir. Aujourd'hui, Sam est le plus grand mécène de l'État et consacre la majeure partie de son temps à négocier d'importants contrats au nom d'organismes caritatifs internationaux.

«Quand je l'ai connu, il y a un peu plus de trente ans», précise Pindar, «le total de ses ventes dépassait déjà quatre cents millions de dollars – un record que personne dans l'histoire de sa compagnie n'a réussi à fracasser.

– Vous devez être le meilleur vendeur d'assurance du monde, hasarde Joe.

– Peut-être, peut-être… concède Sam. À mes débuts, j'étais pourtant le pire ! Je détestais la vente d'assurance. Durant mes premières années, je me débattais comme une tortue sur le dos. Savez-vous ce qui a renversé la situation et m'a remis sur la bonne voie ? »

Joe lève le doigt et dit : « Laissez-moi deviner. *Le jour où vous avez compris qu'il fallait donner plus en valeur que ce que vous receviez en paiement ?*

– C'est une bonne supposition, dit Sam. Quand j'ai cessé de penser à ce que je pouvais obtenir des gens pour me concentrer sur ce que je pouvais leur donner, ma carrière a commencé à prendre son envol. Je dis bien *commencé.* Dans un domaine comme le mien – à vrai dire *dans toute entreprise* – vous devez également savoir comment *développer un réseau.* »

Il regarde Joe droit dans les yeux et lui demande : « Savez-vous ce que j'entends par réseau ? »

En fait, Joe vient tout juste de penser qu'il sait très bien en quoi consiste le réseautage, mais la question le prend au dépourvu, et il fait non de la tête. « Non, je veux dire oui, enfin je crois savoir. » Après une pause, il ajoute sans conviction : « J'ai comme l'impression de n'y rien connaître. »

Le regard pétillant, Sam réplique chaleureusement : « "Le vieux" avait encore une fois raison quand il m'a dit que je vous trouverais sympathique. »

Joe rougit.

Sam enchaîne. « Maintenant, par le terme *réseau* je ne désigne pas nécessairement vos clients. Je fais référence à un réseau de gens qui *vous connaissent, vous apprécient et vous font confiance.* Il se peut que ces gens ne vous achètent jamais rien, mais ils vous gardent toujours à l'esprit. » Sam se penche vers Joe et s'adresse à lui avec encore plus d'intensité. « Voyez-vous, jeune homme, ce sont des gens qui cherchent personnellement à contribuer à votre réussite. Et bien sûr, c'est parce que vous avez tout aussi à cœur leur propre réussite. Ces personnes constituent votre *armée d'ambassadeurs personnels.*

« Quand vous disposerez de votre propre *armée d'ambassadeurs personnels,* ils vous communiqueront des noms plus rapidement que vous ne pourrez vous en occuper. »

Joe, qui s'est toujours perçu comme un habile travailleur en réseau, repasse maintenant mentalement chacune de ses relations d'affaires et de réseautage qu'il possède. *Une armée d'ambassadeurs personnels.* Est-ce que son réseau répond à cette description ? Tous les gens qu'il connaît « ont-ils personnellement à cœur sa propre réussite » ?

Il en est même à se demander si l'un d'entre eux correspond à cette description.

Sam reprend la parole, d'une voix calme cette-fois-ci : « Aimeriez-vous savoir comment constituer un tel réseau ? »

Joe lève les yeux et croise le regard de Sam. « Oui. »

Sam regarde Joe dans les yeux et lui déclare : « *Cessez de tenir des comptes.* »

Joe cligne des paupières. « Comment ? Que voulez-vous dire au juste ? »

Sam se cale de nouveau confortablement dans son fauteuil. « Simplement ça. Ne tenez pas de comptes. Car alors ce n'est plus du réseautage, c'est du poker. Vous connaissez l'expression gagnant-gagnant ? »

Joe approuve d'un signe de tête : « Il faut toujours rechercher la solution qui ne fera que des gagnants. »

Sam acquiesce à son tour. « C'est exact, et ça semble formidable, en théorie seulement. Mais la plupart du temps, ce que les gens appellent "gagnant-gagnant" n'est qu'une façon détournée de tenir des comptes, de s'assurer que tous partagent moitié-moitié, que personne n'est avantagé. J'appelle cela être quitte : je vous ai rendu un service, vous me devez donc maintenant une faveur. »

Il secoue alors tristement la tête : « Quand vous fondez vos relations d'affaires ou tous les autres aspects de votre vie *sur qui doit quoi à qui*, ce n'est pas ça être un ami. À vrai dire, c'est être un créancier. »

Joe se rappelle ce qu'il a dit au téléphone le vendredi précédent : « Allez, Carl, tu me dois bien ça ! Après tout, qui t'a permis de décrocher le budget Hodges ? »

Sam se penche de nouveau vers Joe. « Aimeriez-vous connaître la troisième loi de la réussite stratosphérique ? »

Joe acquiesce. « Je le voudrais énormément.

– *Souciez-vous de l'autre personne*. Veillez sur ses intérêts. Assurez ses arrières. Oubliez la règle du moitié-moitié, jeune homme. Cinquante-cinquante est une formule perdante. *La seule formule gagnante consiste à donner du cent pour cent.* Fondez votre réussite sur celle d'autrui, faites en sorte d'obtenir ce qu'il veut. Oubliez la formule gagnant-gagnant, *concentrez-vous sur la réussite de l'autre personne.*

« Voici la troisième loi, Joe, la loi de l'influence. »

« Votre influence est déterminée par le niveau avec lequel vous faites passer largement les intérêts d'autres personnes en premier. »

Joe répète lentement cette loi : « Votre influence est déterminée par le niveau avec lequel vous faites passer largement les intérêts d'autres personnes en premier. »

Sam approuve de la tête, rayonnant.

Joe hésite, jette un coup d'œil vers Pindar, puis il regarde de nouveau Sam : « Cela me semble un principe infiniment noble, mais je ne comprends pas très bien… »

Sam scrute Joe du regard. « Vous ne comprenez pas vraiment pourquoi c'est une loi de la réussite ? »

Soulagé, Joe acquiesce : « Précisément ! »

Sam regarde Pindar et fait un petit signe de la tête en direction de Joe comme pour dire : *« Expliquez-lui donc. »*

Pindar prend la parole : « Car si vous placez les intérêts de l'autre personne en premier, vos propres intérêts seront toujours pris en charge. *Toujours.* Certaines personnes appellent cela de l'*intérêt personnel éclairé*. Veillez aux besoins des autres gens et croyez fermement qu'en agissant ainsi, vous obtiendrez tout ce dont vous avez besoin. »

Sam acquiesce et observe Joe aux prises avec cette idée pendant un moment, puis il dit : « Dites-moi, si vous demandiez à la plupart des gens ce qui crée l'influence, que vous diraient-ils ? »

Joe répond sans hésitation : « L'argent. La situation sociale. Peut-être bien leurs antécédents sur le plan des réalisations exceptionnelles. »

Sam approuve avec un grand sourire : « Ha ! vous avez raison, c'est exactement ce qu'ils diraient et ils auraient tout compris de travers ! Ces choses ne créent pas l'influence – c'est l'influence qui les crée. Et maintenant vous savez ce qui la crée. »

Joe cligne des yeux. « Le fait de placer les intérêts des autres personnes en premier ? »

Sam arbore un sourire béat. «Là, vous parlez.»

Joe suit Pindar vers l'ascenseur. Côte à côte, ils regardent les portes se fermer. Pendant la descente, Pindar brise le silence. «Comment décririez-vous Sam?

– Étonnant. Brillant. Magnétique.

– Magnétique?» Pindar semble soupeser ce mot.

«Qu'en est-il de Nicole? Diriez-vous qu'elle est également magnétique?

– Absolument. L'une des personnes les plus impressionnantes que j'ai rencontrées dans ma vie.»

Pindar regarde Joe et dit: «Dites-moi, qu'est-ce qui la rend si...?»

Joe réfléchit pendant quelques instants. Qu'est-ce qui la rend si impressionnante? «Je ne sais pas, elle est tout simplement... magnétique.»

Pindar sourit. «Comme Sam?»

Il est difficile d'imaginer deux personnes plus différentes que la charmante jeune institutrice et le vieux financier à la voix rauque, mais pourtant, d'une façon ou d'une autre, ils se ressemblent beaucoup. Et pas seulement eux... «Oui! Ernesto aussi, et...» Il est sur le point de dire: «Et vous aussi!» mais il s'arrête net. Il fixe Pindar: «Qu'est-ce que c'est? Vous le savez, n'est-ce pas?»

L'ascenseur vient d'atteindre le rez-de-chaussée. Les portes s'ouvrent et Pindar fait un geste de la main : « Après vous ! » Pendant qu'ils déambulent dans le hall d'entrée majestueux de l'édifice d'acier, de verre et de marbre, Pindar prononce un seul mot : « Donner.

– Que voulez-vous dire par le verbe donner ?

– C'est ce qu'ils ont en commun. Donner. » Il jette un regard de biais vers Joe et sourit. « Vous êtes-vous déjà demandé ce qui rend les gens attirants ? Je veux dire vraiment attirants ? Magnétiques ? » Il pousse la grand porte en verre et ils se retrouvent à l'extérieur par cette chaude journée de septembre. « Ils aiment donner. Voilà pourquoi ils sont attirants. *Ceux qui donnent attirent.* »

Ils marchent en silence vers l'auto de Joe. « Ceux qui donnent attirent », pense Joe. « Et c'est pourquoi la loi de l'influence fonctionne. Car elle vous *magnétise.* »

La troisième loi

La loi de l'influence

~~~

« Votre influence est déterminée par le niveau
avec lequel vous faites passer largement
les intérêts d'autres personnes en premier. »

9
Susan

Quand Joe retourne à son bureau ce même après-midi, les choses sont chaotiques. Le système informatique est en panne depuis quelques minutes, et lors du processus qui consiste à le remettre en ligne, des relevés de comptes et des correspondances échelonnés sur trois jours sont perdus. Tous les employés sortent frénétiquement des dossiers, récupèrent des données supprimées et les incorporent dans le système à partir de copies sur papier.

Tandis que Joe se joint à son équipe et s'attaque laborieusement à une pile de papiers qui n'arrêtent pas de s'accumuler, toutes ses pensées concernant Sam Rosen, Pindar et la loi de l'influence se dissipent.

Il est presque dix-neuf heures quand il ferme finalement son porte-documents, s'en saisit et se dirige vers l'ascenseur.

Il se laisse littéralement tomber sur le siège de son auto, l'esprit encore agité par son travail. Sans même vraiment s'en rendre compte, il s'engage vingt-cinq minutes plus tard, chez lui, dans son allée.

Il éteint le moteur et reste là à écouter le bruit de la courroie du ventilateur. Il souhaite qu'il puisse exister une clé d'allumage qui pourrait couper le contact dans son esprit. Perd-t-il son temps lors de ces leçons quotidiennes, à l'heure du déjeuner, avec ces lois sur la réussite stratosphérique qu'il est censé apprendre ? Tout cela le rapproche-t-il de son quota du troisième trimestre qu'il lui faut à tout prix atteindre ?

Il regarde la porte d'entrée de son duplex de banlieue et pousse un soupir.

Susan doit être à la maison depuis environ une heure. Elle est sûrement aussi exténuée que lui et son après-midi a dû être aussi pénible que le sien.

Il découvre Susan dans la cuisine en train de retirer quelque chose du four. Elle n'a aucunement besoin de lui dire qu'il est en retard ou que leur dîner est un peu trop cuit. Pas besoin non plus de lui déclarer qu'elle est trop fatiguée pour s'inquiéter, d'une façon ou d'une autre. Son langage corporel l'exprime éloquemment.

Lors d'un dîner plutôt morne, ils comparent leurs situations et comptabilisent leurs difficultés tout au long du repas et du lavage de la vaisselle. Joe voudrait lui parler de son rendez-vous qui s'est déroulé à l'imposant immeuble à bureaux Liberty, mais il y renonce sans même essayer.

Le samedi précédent, à son retour à la maison, Joe lui avait fait part de ses premières impressions concernant Pindar, et Susan avait paru intriguée. Mais au cours du dîner de lundi, quand il a essayé de lui parler d'Ernesto, elle a seulement dit : « Donc, cet homme est en fait le propriétaire ? » Elle a répété cela à quelques reprises et ne semblait pas pouvoir approfondir davantage ce que Joe lui disait. Hier, quand il s'est mis à lui parler de la salle de conférences de Nicole Martin transformée en école maternelle, elle a levé les yeux au ciel en disant : « Tu plaisantes ? » C'en est resté là.

Joe et Susan ont établi une sorte de règle tacite. Tous deux occupent des emplois très stressants et arrivent le soir à la maison l'esprit et l'estomac noués, avec chacun au moins une heure ou deux de travail de bureau supplémentaires à effectuer. La règle tacite est la suivante : « Nous avons droit chacun à trente minutes de récriminations par jour, pas davantage. »

Ce soir, Susan a déjà entamé une bonne partie de sa demi-heure. Joe est assis sur le bord de leur lit, faisant de son mieux pour écouter avec compassion tandis que Susan arpente la pièce en parlant. En son for intérieur, il soupire de nouveau, se demandant ce qu'il pourrait dire pour qu'elle se sente mieux.

Soudainement, Joe se rend compte que Susan a cessé de parler au beau milieu d'une phrase et qu'elle le regarde.

«Je suis désolée, dit-elle doucement, il est presque vingt heures trente…» Suit alors un soupir d'épuisement. «Je suppose que je suis une véritable trouble-fête incurable.» Vient ensuite une pâle tentative d'esquisser un sourire. «Je sais que tu as du travail à effectuer.» Elle s'éloigne et dit davantage à elle-même qu'à Joe : «Il faut être juste.»

Joe ouvre la bouche pour parler, puis la referme de nouveau.

Il faut être juste. Que lui rappellent donc ces mots? Et pourquoi cela sonne-t-il si… faux? *Cinquante-cinquante est une formule perdante.* C'était Sam, bien sûr. *J'appelle cela être quitte : je vous ai rendu un service, vous me devez donc maintenant une faveur… ce n'est pas ça être un ami. À vrai dire, c'est être un créancier.* Leur mariage en était-il rendu là?

Sans même penser à ce qu'il allait dire, Joe laisse échapper : «Non, Susan, attends. En fait, je veux vraiment t'écouter.»

Elle se retourne et le regarde.

«S'il te plaît, continue, dit-il. J'aimerais savoir ce qui s'est passé. Vraiment.»

Pendant un moment, Susan observe Joe comme s'il lui avait dit que les lois de la gravité venaient tout juste d'être annulées. «Vraiment?»

– Sûr et certain, réplique-t-il. Je veux dire, ça m'a l'air d'avoir été passablement difficile. Alors, qu'as-tu fait?»

Son épouse s'assoit près de lui sur le lit et le regarde de nouveau.

«Je t'assure, dit-il. Mon travail peut attendre.»

Susan se remet à parler de sa journée, insistant sur un désagréable conflit entre un collègue de travail et elle-même. Après quelques minutes, elle s'arrête de nouveau au milieu d'une phrase et regarde Joe.

Il hoche la tête et attend qu'elle continue.

Elle s'appuie contre un oreiller et commence à se vider le cœur. Elle raconte que cette situation difficile au travail perdure depuis longtemps. Elle explique pourquoi cela la blesse autant et à quel point elle se sent perdue face à ce qu'elle doit faire ou non. Elle exprime ce qu'elle ressent au fond d'elle-même.

Vingt minutes plus tard, elle est en larmes.

Joe en est meurtri. Il l'a écoutée attentivement, mais elle a parlé de plusieurs problèmes différents et couvert tellement de domaines qu'il n'est pas tout à fait sûr de la raison de ses pleurs. Il semble que pour Susan, rien ne va plus.

Il s'étend et met maladroitement son bras autour d'elle, mais elle continue de pleurer. Il murmure des paroles réconfortantes à quelques reprises, tout en se sentant ridicule.

Qu'avait donc dit Gus : *«Parfois on se sent ridicule, on a même l'air fou, mais on accomplit quand même ce qu'on doit faire...»*

Ses sanglots se transforment enfin en reniflements puis ils cessent.

Joe ressent un immense soulagement. Peut-être que ses mots n'étaient pas si ridicules, après tout. Du moins, ils semblent lui avoir apporté un peu de réconfort.

«Hé, Susan, dit-il. Je t'aime.»

Susan ne dit rien.

«Susan?» Il la remue doucement.

Elle dort. Elle n'a entendu aucun de ses mots de réconfort. Elle s'est tout simplement endormie à force de pleurer. Se sentant inutile et frustré, Joe se prépare à se mettre au lit et se glisse sous les couvertures. Son cœur se serre en pensant à la détresse de Susan et il souhaiterait avoir pu faire quelque chose pour en atténuer la douleur cuisante. Il s'assoupit finalement.

Le lendemain matin, il se réveille en sursaut, sort d'un profond sommeil et réalise soudain horrifié : quelle était donc la leçon d'hier ? Sam Rosen… le réseautage… une armée d'ambassadeurs personnels.

La loi de l'influence.

Il s'était rendu du travail à la maison, puis au lit, et il avait laissé passer la nuit précédente sans même penser à la leçon du jour, ni même à essayer de la mettre en pratique.

Il pousse un grognement, saisit son oreiller avec l'idée de le lancer par frustration à travers la chambre. Mais au moment de le faire, il réalise que Susan n'est pas dans le lit près de lui. Il jette un coup d'œil sur le cadran. Il est huit heures quinze. Il ne s'est pas réveillé à l'heure ! Susan a dû se glisser furtivement hors du lit et quitter la maison sans lui parler, sans même se soucier de le réveiller.

Il grogne de nouveau. Il a bousillé la leçon de Pindar, il est en retard pour le travail et il est brouillé avec Susan. « Trois prises, Joe », marmonne-t-il.

Les mots de Pindar résonnent dans son esprit : « Si vous ne vous conformez pas à ma Condition, nos rencontres se termineront. »

Il s'assoit droit dans son lit et son estomac se serre à l'idée de téléphoner à Brenda afin qu'elle annule son rendez-vous pour déjeuner avec Pindar.

Puis il jette un coup d'œil sur l'oreiller de Susan et remarque une feuille de papier, pliée en deux, avec un seul mot écrit sur le dessus :

Mon cœur !

Quand donc Susan l'a-t-elle appelé ainsi la dernière fois ? À bien y penser, quelle fut la dernière fois où Susan lui a écrit une note ? Il saisit la feuille et l'ouvre.

Mon doux Joe,

J'espère que j'ai réussi à me glisser hors du lit sans te réveiller. Tu mérites ce repos supplémentaire ! Après tout ce que je t'ai dit la nuit dernière...

Je te remercie infiniment.

Merci pour ta générosité.

«Générosité ? Mon doux Joe» ? *Il continue de lire le reste de la note.*

Je ne me souviens pas m'être sentie un jour aussi... écoutée, aussi entendue.

Je t'aime.

Susan

Joe est désorienté. Sa générosité ? À propos de quoi avait-il été généreux ? Il relit la note afin d'y trouver des réponses.

Merci pour ta générosité.

Je ne me souviens pas m'être sentie un jour aussi... écoutée.

Il se frotte le visage, étonné. Ce n'était pas du tout pour se plaindre. Elle voulait simplement qu'il l'écoute. Elle voulait seulement être entendue.

Tout à coup, il se rappelle cette voix éraillée qui disait : *« Cessez de tenir des comptes ! »* Il se met ensuite à rire.

Il avait fait ses devoirs !

10
La loi
de l'authenticité

« Comment était-ce ? » Voilà les premiers mots prononcés pendant les quinze minutes du trajet jusqu'à la ville.

Tout comme hier alors qu'il avait été incapable de fixer son attention sur autre chose que son travail au bureau, Joe éprouve maintenant de la difficulté à ne pas penser à la note et aux tracas, aux épreuves de Susan, racontés au cours de la nuit précédente. La question de Pindar le prend soudainement au dépourvu.

«Monsieur?» Joe ne pense pas avoir déjà appelé Pindar «monsieur» depuis leur première rencontre.

«Le fait de mettre en pratique la troisième loi, dit Pindar, comment était-ce pour vous?»

Joe se rend compte soudain que, jusqu'à ce jour, Pindar ne lui a jamais posé de questions au sujet de ses «devoirs» et il n'a jamais cherché à s'assurer qu'il remplissait la «Condition».

Alors pourquoi lui demande-t-il cela maintenant? Un coup d'œil vers Pindar lui révèle que l'homme n'est pas en train de le mettre à l'épreuve. Il pose cette question parce qu'il veut sincèrement savoir : *« Car il sait que quelque chose est vraiment arrivé*, pense-t-il. *Quelque chose d'important.* »

«C'était… cela s'est bien déroulé. Je crois que ça s'est bien passé. Honnêtement, je n'en suis pas si certain.»

Pindar acquiesce comme si la réponse de Joe était remplie de sens.

«Ces leçons ne s'appliquent pas seulement aux affaires, Joe. Un principe d'affaires valable et authentique se mettra en pratique dans toutes les sphères de la vie : dans vos amitiés, votre mariage, partout. C'est le véritable enjeu. Non seulement cela améliorera votre bilan financier, mais également le bilan de votre vie.

– J'ai l'impression que je n'ai jamais pensé à cela auparavant.

– Je vous le recommande fortement. »
un coup d'œil vers Joe. « Rappelez-vous que ~~~~
épouse et moi-même sommes mariés depuis environ cinquante ans.

– Cinquante ans », répète Joe. Le mariage de
cet homme dure depuis presque le double de sa
propre existence.

« Maintenant, ce que je vais vous dire vous
semblera très démodé. » Pindar jette un nouveau
coup d'œil vers Joe comme pour s'assurer que ce
dernier est vraiment à l'écoute.

« D'accord », dit Joe, en faisant un signe de tête
affirmatif.

« Je crois qu'il y a une seule et unique raison
pour laquelle nous sommes restés ensemble si longtemps et que nous sommes aussi heureux aujour-
d'hui que nous l'étions il y a quarante-huit ans, en
fait un peu plus. Cette raison est la suivante : *Je me
soucie encore plus du bonheur de mon épouse que du mien.*
J'ai toujours voulu la rendre heureuse depuis le jour
où je l'ai rencontrée. Et ce qui est vraiment remar-
quable dans tout ça, c'est qu'elle veut exactement la
même chose pour moi.

– Est-ce que certains appelleraient cela de la
codépendance ? demande Joe.

– Oui, certains qualifieraient probablement
ainsi cette relation. Savez-vous comment j'appelle
ça ?

– Le bonheur ? »

Pindar se met à rire. «Oui, c'est tout à fait ça. J'ajouterais même que j'appelle cela le succès.»

Le succès. Joe pense alors à sa vie avec Susan et comment cette existence commence à ressembler à un drame continuel, marqué par les querelles et les compromis. *Une offre cinquante-cinquante, c'est au bout du compte une affaire perdante...*

«Comme ce que dit Sam au sujet du réseautage? observe-t-il.

– Précisément.» Pindar désigne du doigt leur destination. «Eh bien voilà, nous y sommes.»

Joe voit surgir un immense auditorium devant eux et il engage lentement son véhicule dans le stationnement souterrain.

Ils viennent entendre la conférencière principale lors d'un colloque annuel des ventes. C'est un des événements les plus importants en ville, et des participants y accourent en provenance de tous les coins du pays. D'autre part, la conférencière d'aujourd'hui est une résidente de la région. Elle s'appelle Debra Davenport.

L'endroit est bondé mais Pindar avait réservé deux sièges à l'arrière de la grande salle. Joe est impressionné par le nombre de gens présents. Il estime à environ trois mille auditeurs la foule venue entendre la conférencière.

Et elle ne désappointa personne. Après une brève et brillante présentation par le maître de cérémonie du colloque, la conférencière s'avance au centre de la scène, acclamée par une foule debout. Elle attend avec grâce que les applaudissements s'estompent et que les gens s'assoient.

Elle débute ainsi : «Il y a douze ans, j'ai eu quarante-deux ans. J'ai reçu trois présents pour mon anniversaire. Comme premier présent : ma meilleure amie m'a donné un chèque-cadeau de cent dollars pour des achats chez JC Penney, lequel magasin représentait pour moi à cette époque le summum de la mode. »

Elle fait alors une pause, regarde à droite et à gauche, puis se penche vers l'auditoire avec un air de confidence : «Et soit dit en passant, JC Penney est encore mon numéro un en ce qui a trait à mes préférences en matière de mode. »

Sa remarque est accueillie par une salve de rires et d'applaudissements. Elle arbore un large sourire et d'un geste de la main elle calme l'auditoire.

«Comprenez-moi bien : pourquoi jetteriez-vous votre argent par les fenêtres en achetant des articles de mode hors de prix qui seront démodés l'année suivante ? N'ai-je pas raison ? » Elle tapote alors sa tempe de l'index à quelques reprises : «D'ailleurs, mesdames, c'est ce qu'il y a à l'intérieur de votre tête qui vous rend belles, et non pas l'emballage de l'habillement. »

Une autre vague de rires et d'applaudissements déferle dans la salle. Joe est émerveillé et se dit en lui-même : *« On est ici depuis soixante secondes à peine et l'auditoire est déjà conquis. »*

Debra Davenport poursuit :

« Mon deuxième cadeau. Mes trois enfants ont mis en commun leur argent et m'ont offert une journée complète, toutes dépenses payées, dans un spa du centre-ville. Le genre d'établissement qui coûte très cher. Pendant toute une journée ! Et ils ont planifié cette sortie pour qu'il reste suffisamment d'argent pour la gardienne. Le temps de prendre une respiration, elle vacille soudain et semble au bord des larmes. « En fait, ils avaient téléphoné à la gardienne et s'étaient organisés pour qu'elle soit là pendant toute la journée sans que je sois au courant. Ce qui représentait un véritable miracle d'orga-nisation et une ruse de premier ordre quand on sait à quel point leur mère est curieuse de tout. »

La foule réagit par un chaleureux murmure, exprimant la compréhension.

« Mon troisième cadeau. Mon mari m'a donné le présent le plus inattendu de tous. Il m'a fait vivre la prise de conscience la plus percutante de toute ma vie quand il a quitté la maison et n'est jamais revenu. »

Joe a l'impression que l'auditoire prend une grande respiration et retient son souffle.

« Ça m'a pris une année entière pour déballer, ouvrir et comprendre l'utilité de ce cadeau. »

Son regard se pose ensuite sur la salle et Joe constate que ses yeux croisent ceux de plusieurs personnes, non seulement dans les premières rangées mais dans tout l'auditorium bondé.

« Aujourd'hui, je veux partager ce cadeau avec chacun de vous. »

Au cours des quinze minutes suivantes, la conférencière les entraîne dans sa propre histoire.

À quarante-deux ans, elle se retrouvait soudainement seule avec trois enfants à nourrir. Debra n'avait aucune expérience du marché du travail. À titre de mère à plein temps, d'épouse et de responsable de lourdes tâches ménagères, elle avait jonglé avec des douzaines de techniques et de compétences, et elle travaillé de longues heures éreintantes. Mais elle apprit rapidement que rien de ce qu'elle avait fait au cours des vingt dernières années n'était commercialement utilisable.

« Partout où je posais ma candidature, dit-elle à l'auditoire, j'étais trop âgée et pas assez qualifiée. »

Après que son mari eut quitté la ville, elle passa les mois suivants à acquérir son permis d'agente d'immeubles. Debra apprend facilement et rapidement, et elle passa les examens à sa première tentative. Elle s'affaira au cours des huit ou neuf mois suivants à apprendre et à mettre en pratique les conseils et les enseignements de ses collègues de travail.

«Ils m'ont enseigné toutes les méthodes de vente et toutes les techniques inventées jusqu'à ce jour pour conclure une vente. J'ai appris à conclure la vente «directe», la vente avec conclusion par concession, la vente contrainte par le temps et la vente avec une offre d'essai. Ils m'ont enseigné la vente «compliment» et la vente qui capitalise sur la «gêne», la vente du meilleur temps pour acheter et la vente où ce n'est jamais le meilleur temps pour acheter, la vente par «flatterie» et la vente «déshonorante». J'ai appris à conclure tous les genres de ventes, de A à Z.»

Elle fait ensuite une pause, regarde autour d'elle, puis impassible elle dit : «Oh, vous ne me croyez pas.» Une onde de rires parcourt les premiers rangs de la salle. Joe présume alors que certains admirateurs de Debra Davenport savent d'avance ce qui va suivre.

«Eh bien, voyons…» Elle commence son énumération tout en comptant sur ses doigts chaque style de vente. «Il y a la vente hypothétique, la vente avec avantage supplémentaire, la vente avec accord de concession, la vente attribuable à l'inattention, la vente par les sentiments, la vente en fonction des années à venir…»

Les gens des premiers rangs se mettent alors à battre des mains de façon cadencée, soulignant chaque nouvelle méthode de vente. «La vente Golden Bridge, la vente humoristique, la vente selon le QI, la vente à la manière de la ville de Jersey

City… » Et maintenant, toute l'assistance participe, soulignant chaque mesure par un battement bruyant des mains !

« La vente avec la clause qui tue, la vente avec actifs comme levier financier, la conclusion d'une vente où l'argent ne signifie pas tout, la vente qui doit se faire aujourd'hui ou jamais, la vente du propriétaire, la vente axée sur la qualité, la vente à bureaux fermés, la vente prête à emporter, la vente à un prix inférieur à sa vraie valeur, la vente pour la gloriole, la vente dans une conjoncture favorable… » Elle prend ensuite une grande respiration : « La vente Xaviera Hollander, la vente pour la solidarité féminine et la vente Zsa Zsa Gabor !

« Oui, mes chéris, j'ai vraiment appris comment conclure une vente ! »

Les battements de mains rythmés se fondent alors dans une salve d'applaudissements tandis que tous rient et acclament sa performance exceptionnelle. Elle lève les mains en l'air, les yeux pétillants, jusqu'à ce que les rires et les applaudissements s'estompent.

« Et laissez-moi vous dire ce qui s'est produit. À la fin de toute une année, je n'avais pas vendu une seule propriété. Et j'ai détesté ça ! J'ai haï chacune de ces minutes désespérantes et déprimantes. »

La salle est entièrement silencieuse.

« Ce jeudi-là, j'ai eu quarante-trois ans. Pour cet anniversaire, ma meilleure amie m'a acheté un billet pour un colloque de ventes. Pour être franche avec vous, j'avoue que je ne voulais pas y aller. Mais elle était ma meilleure amie. Elle sourit. Soit dit en passant, elle l'est encore», et elle envoie un grand sourire vers le premier rang où Joe présume que la femme en question est assise. «Alors que pouvais-je faire? Elle est terriblement persuasive.» Des rires provenant d'un groupe de femmes en avant confirment la supposition de Joe.

«Je suis allée au colloque.» Elle regarde autour d'elle comme si elle se rendait compte pour la première fois de l'endroit où elle est. «En fait, c'était dans cette salle. À vrai dire, je me suis assise là où vous êtes en ce moment, un jeudi après-midi de septembre tout comme aujourd'hui.

«Cette année-là, le conférencier principal était un homme dont je n'avais jamais entendu parler auparavant. Il nous a entretenus de l'importance d'ajouter de la valeur à ce que l'on vend. "Quoi que vous vendiez, nous a-t-il dit, même si c'est un produit courant que tous les autres vendent également, que ce soit de l'immobilier, de l'assurance ou des hot-dogs" – c'est avec un frisson que Joe se rend soudainement compte que Debra Davenport est en train de parler de l'homme assis près de lui – "quoi que vous vendiez, *vous pouvez exceller en ajoutant de la valeur à ce que vous vendez*. Si vous avez besoin d'argent, ajoutez de la valeur. Et si vous avez besoin de beaucoup d'argent, ajoutez beaucoup de valeur."

« Des gens dans l'auditoire ont ri quand il a dit cela, mais je n'y ai vu rien de drôle. J'étais assise au fond de la salle, sentant que ma vie était un véritable gâchis. D'une manière ou d'une autre, j'ai eu le courage de lever la main. Ses yeux se sont posés sur moi et il a dit : "Oui ? La dame en arrière ?" Je me suis levée et j'ai dit : "Que faire si on a besoin de beaucoup d'argent rapidement ?" Il hocha la tête, sourit et dit : "Alors, trouvez une façon d'ajouter beaucoup de valeur rapidement !" »

L'auditoire réagit par une cascade de rires.

« Mesdames et messieurs, laissez-moi vous dire que j'ai réfléchi à ce qu'il avait dit pendant toute cette fin de semaine. J'y ai pensé sérieusement. Quelle valeur pouvais-je éventuellement ajouter à une description de propriété, émise par une courtière en faillite dans un marché d'acheteurs ?

« Le dimanche soir, j'ai trouvé la réponse. Que pouvais-je éventuellement ajouter ? *Rien.*

« Selon moi, il n'y avait pas un seul petit morceau ou gramme de valeur que cette insignifiante petite Debra Davenport pouvait ajouter. Après avoir essayé pendant un an, j'avais prouvé que je n'avais aucune valeur professionnelle. Ce que j'avais à offrir à ces clients était tout simplement *rien.*

« Ce dimanche soir, j'ai pris une décision. Il était temps pour moi d'abandonner. »

Elle fait une pause. « Je voulais seulement… Elle prend alors une profonde respiration pour

119

contenir son émotion. Elle touche de nouveau du doigt sa tempe et regarde fixement l'auditoire.

«Comprenez-vous ce qui se passait là dans ma tête ? Quand mon mari a franchi cette porte, mon estime de soi s'est levée et est partie avec lui.»

Joe remarque que des centaines de têtes dans l'auditoire l'approuvent. Elle vient de toucher la corde sensible.

«Mon mari me considérait davantage comme un handicap que comme un actif. Le marché de l'emploi lui donnait raison et, manifestement, le monde de l'immobilier également. Qui étais-je pour nier ce fait ?»

Joe regarde autour de lui et observe plusieurs paires d'yeux humides. Quel mystérieux pouvoir a donc cette femme sur ces gens ?

Debra Davenport fait non de la tête, lentement, tristement.

«Il y a un an de cela, et je n'ai pas encore ouvert mon cadeau d'anniversaire.»

Elle respire à fond brièvement et elle expire rapidement cet air inspiré comme pour se libérer de ce qu'elle ressent.

«Donc, je suis entrée au travail le matin suivant prête à nettoyer entièrement mon bureau. J'avais un dernier rendez-vous que je ne pouvais absolument pas annuler. Alors, purement et simplement par obligation, j'ai rencontré la cliente éventuelle et je l'ai emmenée voir la maison. Je me suis dit à moi-même : *"C'est déjà fini, et puis zut !"* Je me suis simplement permis de passer un bon moment avec elle. J'ai laissé tomber le côté technique et je n'ai même pas apporté les spécifications concernant la maison ! »

Elle prend un air désapprobateur.

« Une fois à destination, nous avons simplement bavardé, de tout et de rien, de choses sans importance. Je ne peux pas vous dire avec certitude si je lui ai fait part du prix de l'offre ! Ce fut l'argumentaire des avantages le moins professionnel, le moins rigoureux, le plus irresponsable et le plus inavouable de toute l'histoire de l'immobilier. »

Elle lève les deux mains en l'air dans une attitude d'exaspération, comme pour dire :

« *Quelle écervelée, n'est-ce pas ?* »

« Et, bien sûr, elle a acheté la maison. »

Les applaudissements se prolongent pendant une minute entière avant qu'elle ne puisse continuer son histoire.

« J'ai compris quelque chose ce jour-là. Quand j'ai dit que ma vie à titre de mère, d'épouse et de ménagère ne laissait rien en moi pouvant intéresser le marché, j'avais tort. Il y avait quelque chose d'autre que j'avais appris au fil des années, et c'était comment être une amie. Comment prendre soin de quelqu'un. Comment faire en sorte que les gens se sentent bien à propos d'eux-mêmes. Et cela, mes amis, c'est quelque chose que le marché désire très fort, a toujours souhaité et convoitera sans cesse.

« Le conférencier du colloque a dit : *Ajoutez de la valeur.* Je n'avais rien d'autre à ajouter, si ce n'est moi-même.

« Et, manifestement, c'était exactement ce qui manquait. »

Elle fait une pause et respire lentement, donnant le temps à ses émotions de se calmer.

« J'ai vendu quelques autres maisons depuis », enchaîne-t-elle, et une vague de rires d'appréciation parcourt alors l'auditoire. Chaque personne présente connaît le record de ventes de Debra Davenport. Quelques autres maisons était probablement l'affirmation la plus en dessous de la vérité de la décennie.

« Plus tard, j'ai rencontré le mari de la femme à qui j'avais vendu cette première maison, et il m'a présenté certains de ses amis qui s'engageaient dans le secteur de l'immobilier commercial. J'avais dit que je ne ferais jamais cela. J'avais tort encore une fois ! »

Le commentaire suivant de Debra Davenport : « ... et il m'a présenté certains de ses amis », fait référence à un détail particulier dans l'esprit de Joe, quelque chose qu'il avait voulu demander à Pindar quelques jours auparavant, mais qu'il avait oublié jusqu'ici. Il se penche vers ce dernier et dit dans un murmure : « Le rassembleur ? »

Pindar sourit et acquiesce.

«Ah! Ah!», pense Joe. C'était donc Debra Davenport qui avait vendu à Ernesto, l'entreprenant propriétaire d'un café-restaurant, des propriétés commerciales évaluées à plusieurs millions de dollars! Quand donc pourra-t-il rencontrer ce personnage de rassembleur?

«… et j'ai l'honneur d'avoir été nommée la meilleure agente immobilière de cette ville, à la fois dans les marchés résidentiel et commercial…»

L'esprit de Joe continue d'être agité. Si c'est ce rassembleur qui a fait se rencontrer Ernesto Iafrate et Debra Davenport, et qui a aidé à arranger le financement de l'entreprise de logiciels de Nicole Martin… Il se penche alors de nouveau vers Pindar et dit à voix basse : «Qui allons-nous rencontrer demain?»

Pindar dit en chuchotant : «Ah! Ah! L'invité du vendredi.» Il ajoute comme pour lui-même : *«L'invité du vendredi est une surprise.»*

– C'est le rassembleur, n'est-ce pas? demande Joe. Je vais finalement rencontrer le rassembleur?»

Pindar sourit simplement et ne prononce plus un seul mot.

«… Et au cours des dernières années», était en train de dire Debra Davenport, «j'ai parcouru le pays et je me suis adressée à des groupes tels que le vôtre aujourd'hui, et je dis à chacun la même chose. Je suis ici car j'ai à la fois l'honneur et la lourde responsabilité de vous vendre quelque chose de beaucoup plus précieux qu'une maison.

«Ce que j'ai ici à vous vendre, c'est vous-même.

«Mesdames et messieurs, rappelez-vous ceci: quelle que soit votre formation, quels que soient vos talents, quel que soit le domaine dans lequel vous œuvrez, vous êtes votre plus importante ressource. Le présent le plus précieux que vous avez à offrir, c'est vous-même.

«Pour atteindre n'importe quel objectif que vous vous fixez, vous avez besoin de 10% de connaissances spécifiques et de compétences techniques, 10% maximum. L'autre 90% dépend des compétences, du talent des gens.

«Et quelle est la base de toutes les compétences des gens? Aimer les gens? Prendre soin d'eux? Savoir écouter? Ces qualités sont toutes utiles, mais elles ne constituent pas l'essentiel. Qui vous êtes, voilà l'essentiel. Cela commence avec vous.

« Tant et aussi longtemps que vous essayez d'être quelqu'un d'autre, ou que vous adoptez une façon d'agir ou un comportement qu'une autre personne vous a enseigné, vous n'aurez pas la possibilité de rejoindre véritablement les gens. *Ce que vous avez de plus précieux à offrir aux gens, c'est vous-même*. Peu importe ce que vous croyez être en train de vendre, ce que vous offrez vraiment, c'est votre personne.»

Elle jette un coup d'œil vers le fond de la salle, ~~et J~~oe est très surpris de constater qu'elle regarde directement vers lui, ou du moins, il a vraiment l'impression qu'il en est ainsi.

«Vous voulez les compétences de gens extraordinaires?» Elle se penche vers l'auditoire comme si elle confiait un secret à sa meilleure amie.

«Vous voulez les compétences de ces gens? répète-t-elle. Alors, soyez une personne vraie.» Elle regarde autour d'elle et ses yeux scrutent chaque visage. «Pouvez-vous faire cela? Allez-vous le faire?»

Elle jette alors un coup d'œil à gauche et à droite, croisant le regard de douzaines d'individus.

«Cela vaut dix mille fois plus que toutes les techniques déjà inventées ou qui le seront un jour pour conclure une vente.

«On appelle cela *l'authenticité*.»

Joe se souvient s'être demandé tout à l'heure quel mystérieux pouvoir cette femme a sur l'auditoire, et il sait maintenant qu'il vient tout juste d'avoir la réponse.

Ils sortent du parc de stationnement couvert sans prononcer un mot et se faufilent entre les voitures dans le dédale du centre-ville. Joe a réfléchi à bien des choses au cours des derniers jours et a réévalué en grande partie sa façon de faire des affaires. Mais il n'était pas préparé à subir l'impact que Debra Davenport a eu sur lui grâce à un seul mot.

L'authenticité.

Il observe l'expression impassible de Pindar du coin de l'œil, aussi indéchiffrable que celle du sphinx, puis il jette de nouveau les yeux sur la route.

«Savez-vous pourquoi je suis venu vous voir samedi?»

Pindar hoche la tête: «Vous étiez avide d'apprendre tout ce qui concerne la réussite. Une réussite authentique.»

Joe fait une pause, puis il dit: «À vrai dire… non. Pas vraiment. La vérité est…»

Pindar lui jette un coup d'œil, d'un air sérieux: «Continuez.»

Joe respire profondément: «Je suis venu vous voir car je voulais vous impressionner. J'ai voulu gagner votre confiance et j'espérais, je planifiais en fait, de vous persuader de m'aider à réussir cette transaction, cette affaire sur laquelle je travaille en ce moment. Je voulais aussi profiter de vos relations d'affaires et de vos ressources financières, et vous savez…» Le ton de la voix de Joe baisse au point de devenir une confession presque inaudible. «Je voulais me servir de votre influence.»

On en était là. Il l'avait dit et à présent cela éclatait au grand jour. Sa raison de venir voir cet homme dès le début. Le budget BK. *Influence et effet de levier.*

Joe n'avait jamais vu Pindar en colère. Il ne veut certainement pas le voir ainsi en ce moment. Cependant, il prend une autre respiration, puis s'oblige à se retourner et à regarder son mentor dans les yeux.

« C'est une raison stupide », dit Joe.

Pindar lui répond doucement : « Non, aucunement stupide. C'est là où vous en étiez, c'est tout. D'ailleurs, ce n'était pas la raison pour laquelle vous êtes venu me voir. Vous avez seulement pensé que c'était la raison pourquoi vous êtes venu me voir. »

Joe le regarde fixement : « Alors, quelle était donc la véritable raison ? »

Pindar sourit : « Vous étiez avide d'apprendre tout ce qui concerne la réussite. Une réussite authentique. »

La quatrième loi

La loi de l'authenticité

～

Le présent le plus précieux que vous avez à offrir, c'est vous-même.

11
Gus

Cet après-midi-là, Gus laisse Joe en paix. Il sent que le jeune homme a besoin qu'on le laisse un peu tranquille. Il ne sait pas exactement ce qui est arrivé, mais il soupçonne que Joe est en train d'éprouver la douleur purifiante d'une honnête introspection.

Alors que dix-sept heures approche, Gus range son bureau, éteint sa lampe, rassemble ses choses avant d'aller décrocher sa veste de tweed du porte-manteau.

« Gus ? »

Il se retourne et voit Joe qui le regarde : «Hum!»
Le jeune homme a l'air pensif. Non, c'est bien plus
que ça : il semble carrément penaud.

«Avez-vous une minute?»

Gus laisse sa veste sur le portemanteau. «Bien
sûr.» Il prend un siège près du bureau de Joe, joint
les mains et lève les yeux.

Joe contourne le bureau, saisit une chaise et
s'assoit près de Gus : «J'ai besoin de vous dire
quelque chose.» Joe fait une pause.

Gus attend.

«Vous avez été bon pour moi depuis mon arrivée dans cette entreprise. Et je vous ai toujours
considéré comme quelqu'un… eh bien, d'un peu
naïf et traditionnel. Vous comprenez?»

Gus fait un signe de tête affirmatif.

«Je n'ai jamais cru les rumeurs à votre sujet, dit
Joe. Je veux dire, celle selon laquelle nos employeurs
vous gardent à leur service rien que par loyauté. Et
je n'ai jamais cru non plus aux autres. Toutefois,
je crois à cette rumeur qui affirme que vos grandes
réussites passées sont véridiques, n'est-ce pas?
Ces cinq lois, tous ces trucs de Pindar à propos du
don, vous connaissez toutes ces choses, n'est-il pas
vrai?»

Gus regarde Joe pendant un moment avant de
répondre.

«J'ai eu beaucoup de chance dans ma carrière… Vous avez raison, je me suis rendu au manoir en pierre et j'ai appris les mêmes leçons que vous avez apprises cette semaine.»

Gus examine alors ses mains, puis il regarde Joe. «Voyons… étant donné que c'est jeudi aujourd'hui, je suppose que vous venez tout juste d'entendre parler de la quatrième loi de la réussite stratosphérique?»

Joe acquiesce. «L'authenticité. Et maintenant je suis censé trouver une façon de la mettre en pratique.»

Gus pince les lèvres d'un air pensif. «Eh bien, selon moi, vous venez peut-être tout juste de la mettre en pratique.»

Joe regarde Gus fixement pendant ce qui semble durer une minute entière.

Gus lui sourit, sans ciller.

«C'est vous, n'est-ce pas? dit Joe doucement. Vous êtes le rassembleur.»

Gus décroise les bras, s'appuie contre le dossier de sa chaise, se gratte la tête, regarde par la fenêtre, puis regarde de nouveau Joe et ouvre les mains : *«Vous m'avez eu!»*

«J'ai rencontré notre ami Pindar il y a 35 ans. Je l'ai présenté à Sam Rosen quelques années plus tard.

« Deux ou trois ans plus tard, j'ai investi quelques dollars en achetant des hot-dogs à ces deux hommes dans un kiosque de quartier que je connaissais. Ce déjeuner de hot-dogs s'est avéré un investissement très productif. »

Il donne ensuite à Joe le temps d'assimiler cette information, puis il continue.

« Il y a un peu plus d'une dizaine d'années, j'ai présenté Ernesto Iafrate et son épouse à Debra Davenport, la femme qui a vendu à mon épouse notre maison. À moins que je ne me trompe, vous l'avez probablement entendue en conférence un peu plus tôt aujourd'hui. »

Un peu abasourdi, Joe acquiesce simplement.

« Quelques années plus tard, quand quelques-uns de mes amis ont voulu lancer leur propre entreprise de logiciels, je les ai présentés à Sam qui les a conseillés sur le plan financier. Sam, Pindar et moi-même avons investi dans la petite entreprise hasardeuse de Nicole Martin et nous avons très bien réussi, de même que pour le café-restaurant d'Ernesto Iafrate. »

Remarquant que Joe a la bouche grande ouverte d'étonnement, Gus sourit tout en étant un peu embarrassé. « Je ne sais pas, je continue simplement de découvrir de bons candidats à soutenir. J'ai toujours été passablement chanceux dans ce domaine. »

Il regarde Joe dans les yeux et ce dernier comprend que Gus est en train de dire que lui aussi fait partie de ces bons candidats, et que cela n'a absolument rien à voir avec la chance.

«Je ne comprends pas, laisse échapper Joe. Pardonnez-moi de vous l'affirmer sans mettre de gants, mais vous devez valoir des millions!»

Gus regarde Joe avec une intensité que ce dernier n'avait jamais vue auparavant dans le visage de cet homme d'un âge certain. «C'est quelque chose que je considère très, très personnel, mais j'aimerais vous en faire part maintenant, et je suis confiant que cela restera confidentiel, entre nous. Vous voulez connaître ma valeur nette?»

Joe fait signe que oui.

Gus prononce un chiffre.

Les genoux de Joe ramollissent. «Mais pourquoi travaillez-vous encore ici? De toute façon, pourquoi donc travaillez-vous encore?» Avant que Gus ne puisse répondre, Joe lève une main en l'air: «Non, ne me le dites pas. Je gage que je sais pourquoi.»

Il pense aux longues conversations décousues de Gus, à ses manières décontractées avec des clients éventuels, à ses vacances constamment changeantes et de longue durée. Il sourit.

«Vous aimez simplement ce que vous faites. Vous appréciez parler avec des gens, leur poser des questions, apprendre tout sur leur compte, trouver des moyens de pouvoir les aider, les servir, combler un besoin, partager des ressources...»

Gus se lève, se dirige vers le portemanteau, saisit sa veste de tweed et fait un clin d'œil à Joe. «Une
personne d'un âge certain doit pouvoir s'amuser.»

Tandis que Gus se dirige vers l'ascenseur,
Joe sourit et dit tout haut : «Je vous verrai au
déjeuner.»

Gus se retourne et regarde Joe, perplexe. «Au
déjeuner?»

Joe rit tout bas : «Oh, non, cette fois-ci j'ai tout
compris. Vous êtes le rassembleur, n'ai-je pas raison?
Donc, vous êtes mon rendez-vous pour le déjeuner
demain chez Pindar! L'invité du vendredi!

– Ah, l'invité du vendredi.» Gus pousse un
petit rire. «Moi? Non, ce n'est pas moi.» Il rit encore
lorsqu'il pénètre dans l'ascenseur tout en se parlant
à lui-même. «L'invité du vendredi. Eh bien, cela
promet d'être très amusant.»

12
La loi
de la réceptivité

Vendredi, à midi sonnant, Joe frappe résolument à la porte d'entrée du majestueux manoir de pierre. Il jette un coup d'œil à l'amoncellement de nuages et glisse les mains dans ses poches pour les réchauffer. Cette journée de fin de septembre est de celles qui augurent davantage l'arrivée de l'hiver que le départ de l'été.

Il est sur le point de frapper une seconde fois quand soudain la porte s'ouvre, laissant apparaître Rachel.

«Entrez, Joe!», dit-elle, et elle le conduit vers le bureau. «Le vieux a reçu un appel auquel il ne s'attendait pas. Si vous voulez bien attendre ici, il vous rejoindra dans quelques minutes.»

Joe examina la pièce lambrissée de chêne, aux tons feutrés et à l'odeur caractéristique de cuir et de livres anciens.

«Vous ne sortirez pas à l'extérieur aujourd'hui», dit Rachel en réponse à la question inexprimée de Joe. «C'est aujourd'hui le jour où vous dînerez ici.»

Joe remarque que Rachel a prononcé ces mots comme s'ils faisaient partie d'un rituel établi qu'elle avait expliqué à plusieurs reprises auparavant. «C'est aujourd'hui l'invité du vendredi, n'est-ce pas, dit Joe?»

Rachel sourit. «Exactement.»

«Est-ce que je peux vous poser une question?» Joe avait hâte d'avoir cette conversation depuis mercredi alors que Pindar lui avait raconté l'histoire de Rachel.

«Bien sûr.»

«À quoi cela ressemble-t-il de travailler pour Pindar?»

Rachel hésite, puis esquisse un sourire. «En toute honnêteté?» Elle s'assoit dans un des grands fauteuils de Pindar. «C'est fantastique.»

En l'espace d'un an, depuis son arrivée au manoir de pierre, Rachel a accumulé plus de connaissances sur l'art des affaires que la plupart des entrepreneurs en acquièrent avec l'expérience de toute une vie. Elle s'est initiée à la haute finance et à la philanthropie, à la négociation et au réseautage, aux ressources humaines et aux relations avec les gens. «Les principes du commerce coopératif, de A à Z, selon Pindar», précise-t-elle avec un grand sourire.

Elle a mis en pratique ces leçons en se plongeant entièrement dans une étude très fervente de sa passion : la fabrication d'un café supérieur.

À la suite d'une longue conversation au café-restaurant d'Ernesto, Rachel avait exploré l'univers des fournitures de restaurant, recherchant avec soin les réseaux d'approvisionnement les plus fiables pour obtenir les meilleurs équipements tels que les torréfacteurs et les moulins à café commerciaux.

Elle s'était aussi astreinte à rechercher les fournisseurs des meilleurs grains de café en provenance des quatre coins du monde. Elle avait débuté en faisant la connaissance de quelques producteurs de café indépendants, en Colombie, avec lesquels elle avait établi des liens grâce à son professeur d'espagnol à l'université, un Colombien.

Après avoir assimilé rapidement les divers dialectes espagnols de la région, elle a su créer d'autres contacts dans les pays voisins : en Équateur, au

Venezuela, au Pérou et au Brésil. Puis, elle n'a pas tardé à étendre son réseau à d'autres continents, en cultivant des relations avec des producteurs à Sumatra, en Indonésie, au Kenya et au Yémen.

«Savez-vous combien de pays produisent du café sur notre petite planète?», lui demande Rachel.

Joe réfléchit un instant. «Vingt?»

– Plus de *trois douzaines*. Et au cours des douze derniers mois, j'ai établi des relations personnelles avec des producteurs de café dans chacun de ces pays.»

Joe en est stupéfait. Grâce à ce réseau extra-ordinaire, Rachel peut se passer des courtiers et des intermédiaires, et accéder aux meilleurs cafés du monde à des prix exceptionnellement bas. De plus, il y a toutes ces personnes à qui elle a servi du café dans le salon de Pindar depuis un an. Ces gens l'ont mise en contact avec d'éminents spécialistes dans tous les aspects de ce commerce : de l'importation à l'exportation, en passant par le financement interna-tional, la gestion et les ressources humaines.

À vrai dire, si elle le voulait, Rachel pourrait quitter cette maison et asseoir les fondations d'un empire mondial du café de qualité en quarante-huit heures !

«Oh, dites donc!» laisse échapper Joe. «Bien sûr!» Il se donne une tape sur le front en riant.

«Bien sûr quoi?»

Un grand sourire éclaire le visage de Joe. Il s'enfonce dans son fauteuil et pointe le doigt vers Rachel : « Bien sûr, c'est *vous*. »

« Moi ? » dit Rachel.

« Vous avez été présente ici pendant toute la semaine. Voilà pourquoi cela ne m'est pas venu à l'esprit. Et tout ça se déroulait sous mes yeux, et je n'ai rien vu ! »

Rachel fronce les sourcils. « Quoi donc ? »

Joe pointe maintenant Rachel avec les index de ses deux mains, comme avec une paire de pistolets. « Vous êtes l'invitée du vendredi. Admettez-le ! »

Rachel pousse un soupir et lève les mains au ciel comme pour dire : *J'abandonne, vous avez gagné.* « C'est une supposition intéressante, mais… »

Joe rayonne.

« Mais elle est erronée. »

Le sourire de Joe s'évanouit.

Rachel dresse l'oreille pour mieux entendre. « Ah, je crois que son appel téléphonique est terminé. » Elle se lève. « Quand vous serez prêt, saurez-vous comment vous rendre sur la terrasse ? Il a dit que vous allez y manger ensemble en attendant l'arrivée de l'invité du vendredi. »

Elle sourit devant l'air consterné de Joe et quitte la pièce en silence.

Joe hoche lentement la tête, abandonne le confort de son fauteuil et se dirige vers la terrasse pour rejoindre son mentor et attendre l'invité du vendredi… quelle que soit son identité.

«Alors, que pensez-vous de tout ça?», demande Pindar?

Depuis vingt minutes, Joe et Pindar savourent un excellent repas composé de viandes froides et de fromages, de pain frais et d'un assortiment de légumes marinés, d'olives, de condiments et autres délices. Joe compte même cinq sortes de moutardes différentes et il parvient à goûter à chacune d'elles. Mais il sait bien que la question de Pindar ne concerne pas le repas en tant que tel. Elle porte sur tout ce qu'il a vu et entendu au cours de la semaine.

Joe hésite puis répond avec prudence comme s'il traversait une rivière en sautant d'une pierre à l'autre. «Je crois… que tout m'apparaît étonnant, merveilleux, vraiment prodigieux.» Il fait une pause, goûtant la chaleur enveloppante d'un soleil automnal.

«Et ensuite? lui demande Pindar.

– Et je ne suis tout simplement pas…» Joe prend une profonde inspiration, puis il expire, incapable d'aller au bout de sa pensée.

«Voyons si je peux vous aider, dit Pindar. Quand vous étiez jeune, qu'avez-vous appris sur le concept du don?»

Joe fronce les sourcils à force de se concentrer.

Pindar interrompt la suite des pensées de Joe avant même qu'elles ne surgissent. «N'y réfléchissez pas, Joe. *N'essayez pas* de vous rappeler. Dites-moi simplement ce qui vous vient immédiatement à l'esprit quand je prononce le mot *donner*?

– Qu'il vaut mieux donner que recevoir.

– Exactement! *Il vaut mieux donner que recevoir*, n'est-ce pas? Si vous êtes une bonne personne, c'est ce que vous faites, vous donnez. Les bonnes personnes donnent sans penser à recevoir. Mais vous, vous pensez constamment à recevoir, vous ne pouvez pas vous en empêcher. Ce qui signifie que vous n'êtes probablement pas une très bonne personne… Alors, à quoi bon essayer?

«Toutes ces discussions sur l'importance de donner sont très intéressantes aux yeux de certaines personnes. Pour des gens comme Nicole, Ernesto ou moi-même, peut-être. Mais pas pour vous. Ce n'est tout simplement pas qui vous êtes.»

Un moment de silence s'ensuit.

«Est-ce que j'ai vu juste?»

Joe soupire. «C'est quelque chose comme ça», admet-il.

Pindar détourne les yeux et observe la ville s'étirant vers l'ouest. Il semble pensif, presque triste. Il continue de regarder au loin quand il reprend la parole.

«Je veux que vous essayiez quelque chose pour moi. Je vais compter jusqu'à trente, et pendant que je compterai, je veux que vous expiriez lentement. C'est tout. Ne faites qu'expirer et ne vous arrêtez pas. Prenez d'abord une bonne respiration pour que vous ayez beaucoup d'air, d'accord? À présent, inspirez… et… expirez!»

Et tandis que Pindar commence à compter, Joe se met lentement à expirer. Au moment où Pindar atteint le chiffre neuf, Joe voûte les épaules vers l'avant et devient un peu pâle. Au chiffre douze, il se redresse et prend soudainement, à bout de souffle, une grande respiration haletante.

Pindar jette un coup d'œil vers Joe.

«Vous n'avez pas pu vous rendre jusqu'à trente?»

Joe secoue la tête.

«Que penseriez-vous si je vous disais qu'il a été prouvé médicalement qu'il est plus sain d'expirer que d'inspirer? Est-ce que cela changerait quelque chose pour vous?»

Ne sachant pas trop quoi penser, Joe secoue la tête de nouveau.

«Non, bien sûr que non. Vous ne pouvez pas passer toute votre vie à expirer seulement, quels que soient les arguments que qui que ce soit vous fournit.

«Que diriez-vous si je vous affirmais qu'il est préférable pour votre cœur de se détendre plutôt que de se contracter? De simplement continuer de s'ouvrir sans se comprimer ensuite. Feriez-vous un essai?» Cette fois-ci, il n'attend même pas une réponse. «C'est ridicule, n'est-ce pas? Bien sûr que ça l'est! Et il en est de même de cette absurde sagesse traditionnelle qui nous a été inculquée, à vous et moi, et à tous les autres êtres vivants.

« Il n'est pas préférable de donner plutôt que de recevoir. Il est insensé d'essayer de donner et de ne pas recevoir.

«Faire en sorte de ne pas recevoir est non seulement insensé, mais arrogant. Quand une personne vous donne un présent, qu'est-ce qui vous donne le droit de le refuser, de nier son droit de donner?

«Recevoir est la conséquence naturelle du don. Si vous donnez et si vous essayez ensuite de vous empêcher de recevoir le présent qui viendra en retour, vous êtes comme le roi Canut qui, observant la marée montante, lui commandait de ne pas revenir à marée basse. La marée se doit de revenir tout comme votre cœur doit se contracter après s'être détendu.

«À cet instant même, partout sur le globe, toute l'humanité respire de l'oxygène et expire du dioxyde de carbone. Il en est de même dans le reste du royaume animal. Et à ce moment précis, partout sur la terre, les milliards et milliards d'organismes du royaume végétal font exactement le contraire : ils inspirent du dioxyde de carbone et expirent de l'oxygène. Nous recevons ce qu'ils nous donnent, et ils reçoivent ce que nous leur donnons.

« À vrai dire, chaque don est rendu possible pour la seule raison que c'est également une chose que l'on reçoit. »

Sur ces mots, Pindar cesse soudainement de parler et observe de nouveau la ville et les montagnes au loin.

Joe reste cloué sur place comme après le passage d'un tremblement de terre.

Chaque don est rendu possible pour la seule raison que c'est également une chose que l'on reçoit...

Pendant toute une minute, aucun des deux ne parle. Joe ne perçoit rien d'autre que son propre cœur qui bat dans ses oreilles. C'est comme s'il pouvait entendre ses pensées tournoyer dans son cerveau. Puis, il devient conscient de sa respiration : inspiration, expiration ; inspiration, expiration, et il se met à rire.

« Un cheval ! »

Pindar se tourne et le regarde d'un air interrogateur.

« Un cheval, répète Joe. Vous pouvez conduire un cheval vers une source d'eau... »

Pindar redresse la tête et attend.

«... mais vous ne pouvez pas l'obliger à boire l'eau que vous lui offrez. C'est la dernière loi, n'est-ce pas ? Recevoir ? Choisir de recevoir ? »

Pindar ne dit rien et ne fait aucun mouvement. Il continue simplement à observer et à écouter.

Les pensées de Joe commencent alors à se précipiter.

« Tout ce que l'on peut donner en ce monde n'apportera pas la réussite, ne créera pas les résultats que vous recherchez, à moins que vous ne vous rendiez vous-même également disposé et capable de recevoir dans une même mesure. Car si vous ne vous donnez pas à vous-même la permission de recevoir, vous refusez alors les présents d'autres personnes, et vous interrompez le flot. Étant donné que les êtres humains naissent avec des appétits, aucun être n'est plus axé naturellement sur la réceptivité qu'un nouveau-né.

« Et si le secret d'une jeunesse vibrante et énergique, pendant toute une vie entière, consiste à se raccrocher à ces précieux traits de caractère que nous possédons tous étant enfants, mais qui nous sont enlevés à l'âge adulte – comme le fait d'avoir de grands rêves, d'être curieux, et de croire en vous-même – alors, un de ces traits de caractère consiste à s'ouvrir, à être avide et assoiffé de recevoir ! »

Et maintenant les yeux de Joe brillent de même que ceux de Pindar qui l'observe.

« À vrai dire, tous ces éléments que je viens de mentionner – entretenir de grands rêves, être curieux et croire en nous-mêmes – sont tous des aspects en soi de la réceptivité, ils correspondent tous au fait d'être réceptifs. Être ouvert à recevoir c'est comme... »

Et ici Joe semble hésiter pendant un moment. Il étend les bras et regarde en haut comme s'il cherchait un mot suffisamment puissant pour communiquer sa pensée.

« C'est comme, *tout !* »

Joe cesse de parler.

Pindar lui sourit pendant quelques instants, puis il lui dit :

« Le monde a certainement été conçu avec le sens de l'humour, n'est-ce pas ? À l'intérieur de chaque vérité et de chaque apparence, il y a à la fois un peu de son contraire dissimulé à l'intérieur.

– Juste pour que les choses restent intéressantes, murmure Joe à voix basse.

– Oui, réplique Pindar, hochant la tête avec un plaisir évident, c'est une excellente façon de l'exprimer. Juste pour que les choses restent intéressantes, les choses sont toujours un peu le contraire de ce qu'elles semblent être.

– Il en va de même du secret de la réussite, enchaîne Joe. Pour l'acquérir, le posséder, il s'agit de donner, donner, donner. Le secret pour obtenir quelque chose est de donner. Et le secret de donner est de vous rendre ouvert à recevoir. Comment appelez-vous cette loi?»

Pindar fronce les sourcils. «Comment l'appelleriez-vous?»

Et Joe réplique sans hésitation : «La loi de la réceptivité.»

Pindar acquiesce d'un air pensif : «Très bien.»

Ils restent assis ensemble en silence pendant un long moment, réfléchissant à la loi de la réceptivité et à la magnifique ironie de la création qui dissimule soigneusement ses plus grandes vérités dans des paradoxes.

Joe a soudain une pensée qui le fait presque tressaillir.

«Mon heure de déjeuner est presque terminée! Qui étions-nous censés rencontrer aujourd'hui?»

Pindar le regarde dans les yeux. «Hum!

– Qui devions-nous rencontrer? Vous savez, qui était donc supposé révéler la dernière loi? L'invité du vendredi?»

Pindar affiche un sourire.

«Ah, l'invité du vendredi. Ce sera vous, mon ami.»

Il fait une pause et dit de nouveau : «Ce sera vous.»

La cinquième loi

La loi de la réceptivité

⁓

La clé d'un don efficace est de rester
ouvert au fait de recevoir.

13
Boucler la boucle

En ce bel après-midi, l'atmosphère est maussade au septième étage, à la Clason-Hill Trust Corporation. Le troisième trimestre se termine et tous les collègues de Joe font la même chose que lui. Ils essaient de faire un miracle de dernière minute pour conclure juste un peu plus d'affaires.

Or, dans le cas de Joe, il s'agit de beaucoup plus d'affaires.

Mais ces affaires-là n'ont pas été conclues. Carl Kellerman a téléphoné pour confirmer les mauvaises nouvelles : Neil Hansen a en effet obtenu, à la place de Joe, l'important contrat que Joe appelle le Big Kahuna.

Joe est assis à son bureau et regarde pensivement sa tasse de café vide tandis que ses collègues commencent à enfiler leurs vestes et à refermer avec un bruit sec leurs porte-documents. Il était déjà plus de dix-sept heures. Tout ce qu'ils pourraient accomplir d'autre devra attendre le mois d'octobre et le quatrième trimestre.

«Voulez-vous descendre du rebord de la fenêtre et en discuter avec moi avant de sauter?»

Joe lève les yeux et voit Gus qui l'observe de son bureau dont la porte est ouverte. Joe a un rire sans enthousiasme et il fait signe à son ami de venir le rejoindre. Gus s'assoit près du bureau de Joe tandis que ce dernier joue avec un crayon.

«Eh bien, Gus, je viens de perdre le budget de ma carrière et je n'ai pas atteint mon quota du troisième trimestre. Je ne suis même pas sûr de ce qui va m'arriver maintenant. Et la chose vraiment étrange dans tout ça, c'est…»

Tout en écoutant, Gus sort sa pipe en écume de mer de sa poche de gilet et la tâte du bout du doigt.

«La chose étrange est que, bien sûr, je me sens mal… mais pas aussi mal que je le devrais. Je veux dire… je n'ai jamais vraiment essayé d'obtenir l'aide de Pindar sur cette transaction. Je n'ai même jamais mentionné son nom à Carl Kellerman. Je présume que j'ai manqué royalement mon coup, mais si c'était à recommencer, je pense que je ferais la même chose. Comprenez-vous ? »

Il regarde ensuite l'horloge sur le mur : « Il y a une semaine exactement à l'heure qu'il est, je vous demandais le numéro de téléphone de Pindar. Et à présent… Il soupire. Il faut de la patience, je suppose. »

Gus sort un petit briquet en argent de son gilet, met la pipe en écume de mer entre ses dents, allume le briquet dans un doux cliquetis et tient la flamme au-dessus du fourneau blanc de sa pipe en argile. Il tire des bouffées de sa pipe jusqu'à ce qu'elle soit bien allumée, puis il s'adosse à sa chaise.

L'homme est vraiment en train de fumer la pipe, ici même dans le bureau !

Gus lui jette un clin d'œil. « Juste quelques bouffées. » Il tire sur sa pipe, puis la retire de sa bouche, en examine le fourneau et le tapote avec son index. « Vous ne pouvez pas mesurer votre succès par le simple fait d'obtenir ou non un budget. Ce n'est pas cela l'enjeu.

– Non ? Quel est donc l'enjeu alors, Gus ? »

Gus tire une autre bouffée, exhale trois ronds parfaits de fumée et les regarde disparaître peu à peu, puis il déverse le contenu de sa pipe dans la poubelle.

« L'enjeu n'est pas ce que vous faites, ni ce que vous accomplissez. C'est qui vous êtes. »

Joe a soudainement envie de pousser un cri. «Je sais. C'est seulement…» Il regarde le visage de Gus et est frappé de constater à quel point son expression bienveillante lui rappelle celle de Pindar. «C'est seulement que je déteste avoir l'air aussi pragmatique et terre-à-terre, mais à quoi bon tout cela si ça n'engendre pas de victoires sur le marché? Je pourrais être un saint et mourir de faim!»

Joe affiche une expression triste en jetant un coup d'œil sur le bureau. Il regarde ensuite l'horloge et s'assoit soudainement droit comme un piquet.

«Ah… la dernière loi!»

Gus fronce les sourcils. «Hum?

– Je suis censé mettre en pratique la loi de la réceptivité! La clé d'un don efficace est de rester ouvert au fait de recevoir. Mais comment suis-je supposé y parvenir? Comment s'y prend-t-on pour être activement ouvert à recevoir? Car je vous le dis en toute sincérité, Gus, je suis déjà ouvert à recevoir, en toute sincérité. Je veux dire, je suis vraiment, vraiment ouvert!» Il soupire et s'adosse à sa chaise. «Du moins, j'ai cru que je l'étais. Mais il me semble que la seule chose que je reçois ce sont des bâtons dans les roues.»

Gus se penche et met sa main sur l'épaule de Joe. «Ne vous inquiétez pas, Joe. Il se lève. S'inquiéter de tout cela ne fait de bien à personne. Vous avez eu une longue semaine. Allez rejoindre votre épouse à la maison. Je resterai ici et fermerai le bureau.»

Quelque chose dans l'attitude de Gus amène Joe à relâcher les muscles de ses épaules, et il sent son humeur morne se dissiper peu à peu. Il offre à son collègue plus âgé un sourire triste, fatigué. «Merci, Gus. Partez tout de suite. Je fermerai le bureau.»

Gus acquiesce et décroche sa veste de tweed du portemanteau. «Vous êtes une personne différente de celle que vous étiez il y a une semaine à peine, Joe, le saviez-vous?» Il marche vers l'ascenseur, appuie sur le bouton de descente et se retourne juste au moment où la porte s'ouvre. «Pourtant ce Joe était déjà également à l'intérieur de vous. Il n'était tout simplement pas encore vraiment visible. Il sourit. «Bonne nuit, Joe.

– Bonne nuit vous aussi, Gus. Et... merci.»

À présent, seul dans le bureau, les yeux fermés, Joe reste assis en silence. Il sent la lumière du jour décliner. C'est le temps de fermer. Il se lève lentement. Il marche d'un pas tranquille vers le percolateur, vide le reste du café amer de la fin de l'après-midi, enlève et jette au rebut le marc humide et tiède, rince le grand cylindre de métal, et se met à laver la surface autour du percolateur avec des essuie-tout mouillés.

Pendant qu'il lave les tasses, les assèche et les place d'une manière soignée dans une armoire, il pense à Rachel et à son illustre mélange de différents cafés. Il sent un étrange sourire de contentement monter de l'intérieur de lui-même et se répandre sur son visage. Il cesse de bouger et il écoute le calme tranquille de ce bureau normalement affairé.

Que ressent-il donc? On a presque l'impression que ce calme silencieux est vivant. Ne pas bouger mais être à l'écoute. Comment donc décrire cette impression? *Être réceptif.*

Le téléphone sonne. Joe pivote et fixe le téléphone, puis l'horloge murale. Il est dix-huit heures quinze? Un vendredi? Il décroche.

«Bonjour, est-ce… Joe?» Ce n'est pas une voix qu'il reconnaît. «Je ne peux pas croire que vous êtes encore au bureau.

– Je m'excuse, nous sommes-nous déjà…? Joe est incapable de mettre un nom sur cette voix.

– Non, vous ne me connaissez pas. Mon nom est Hansen, Neil Hansen. Ed Barnes m'a donné votre numéro.

– Qui? Ed Barnes vous a recommandé de vous adresser à moi? Êtes-vous sûr que vous…?»

C'est alors qu'il se souvient.

Ed Barnes. Ce concurrent dont il avait donné le nom à Jim Galloway. La conversation téléphonique de lundi – sa première journée de devoirs à effectuer. *Donnez-moi davantage en valeur…*

«Attendez, balbutie Joe, est-ce le Neil Hansen qui a obtenu le budget avec…?

– Écoutez», l'homme avait l'air paniqué, «je suis vraiment dans le pétrin…»

Joe n'en croit pas ses oreilles. L'homme qui avait mis la main sur le budget BK sans même transpirer. Un concurrent redoutable, recommandé par un autre concurrent, est en ce moment au téléphone avec Joe parce qu'il est dans le pétrin?

«… et Ed m'a dit que c'est une opportunité à ne pas manquer, mais que je serais bien avisé de vous téléphoner, que vous connaissez peut-être quelqu'un… Il m'a confié également que vous lui aviez fourni une formidable indication de client. Quelqu'un d'autre qui travaille pour cet énorme budget est sur le point de me rappeler. Et quand je dis énorme, ça l'est vraiment et cet homme est dans une très mauvaise passe. Ce budget a perdu son fournisseur et ils ont besoin de quelqu'un rapidement, car ils ont cette chose de première importance en vue.

– Quel est donc le nom de ce budget?» demande Joe.

Il entend Neil Hansen marquer un temps à l'autre bout du fil. «Vous ne me croirez pas quand je vais vous le révéler.»

Il dit à Joe le nom du budget. Pendant un instant Joe en a le souffle coupé. C'est un nom à côté duquel le Big Kahuna semblerait ne représenter que du menu fretin.

Ce n'est pas un Big Kahuna, c'est un gigantesque Kahuna !

Joe a soudain le vertige. « De quoi ont-ils besoin ? demande-t-il la voix faible.

– Ne quittez pas, ce sont eux qui appellent en ce moment… »

Neil Hansen le met en attente pendant un instant et Joe fait les cent pas pendant qu'il attend. Après dix ou quinze secondes parmi les plus longues de sa vie, la voix revient au bout du fil.

« Bon, c'est eux qui attendent maintenant sur une autre ligne. Très bien, voici ce que nous avons. Ils achètent trois chaînes internationales d'hôtels et ils les réunissent dans un même endroit, changent leur image en mettant l'accent sur des conférences d'affaires et des lieux de villégiature. Ils démarrent toute l'entreprise en relançant une ligne de croisières de luxe qu'ils ont achetée et qui fait partie intégrante du contrat global. Retenez ceci : *dans trois semaines.* »

Joe hésite à demander : « Et ?

– Et, d'accord, voici les nouvelles de dernière minute : ils ont perdu une concession critique. Les fournisseurs avec lesquels ils travaillaient ont commencé à se montrer bizarres relativement à leur structure de fixation des prix, et finalement ils ont dû se retirer du projet. Aucun des autres fournisseurs que nous avons essayé de réunir n'a pu vraiment satisfaire à leurs critères et à leurs normes de qualité.

« Aucun des autres soumissionnaires n'est assez gros, et franchement, aucun d'eux n'est suffisamment bon. Quiconque obtiendra ce contrat se retrouvera confortablement assis sur une offre prestigieuse. Mais je ne parviens pas à trouver quelqu'un qui puisse conclure cette transaction, à cette échelle, à ce prix, et à l'intérieur de ces délais.

– Quelle est la concession ? » dit Joe dans un murmure.

La voix de l'autre homme s'exprime sur un ton défait et fatigué d'un vendredi après-midi. « Du café de qualité supérieure. Je parle de centaines de milliers de clients. Je parle de première qualité, je veux dire, de qualité exceptionnelle, à un volume incroyablement élevé. Trois semaines ! *Trois semaines !* Personne n'est parvenu encore à conclure ce contrat ! »

Joe prend une longue et lente respiration, puis s'assoit lentement sur sa chaise.

Il sourit.

« Vous savez, dit-il, je connais probablement quelqu'un. »

14

Donner sans compter

L a jeune femme émerge du parc de stationnement, clignant des yeux dans l'éclatant soleil du
mois d'août. *« Tout va bien se passer, Claire »*, se
murmure-t-elle à elle-même pour la troisième fois
ce matin. Elle communique avec cette entreprise
depuis quelques semaines déjà, mais toujours par
téléphone et par courriel. Aujourd'hui, elle va rencontrer cet homme en personne.

« Tout va bien se passer », se répète-t-elle en
traversant le pâté de maisons.

Claire a fait passablement de recherches
sur cette jeune entreprise au cours des dernières
semaines, dans l'espoir d'en savoir davantage sur ce

qui a pu précisément la catapulter vers une réussite aussi stupéfiante, du jour au lendemain. Il y a un peu moins d'un an, l'un des fondateurs de la compagnie avait eu la chance de décrocher l'énorme contrat qui a lancé l'entreprise, qu'elle vient visiter, dans une ascension stratosphérique.

«L'une de ces transactions rêvées qui ne se présente qu'une fois dans la vie», comme le rapportait un article de revue. Par ailleurs, au cours des dix derniers mois, ce fondateur et ses deux associés ont eu des coups de chance, l'un après l'autre.

Bien qu'il soit encore jeune, il a déjà la réputation de transformer en or tout ce qu'il touche.

Claire arrive à l'adresse qu'on lui a donnée : une usine transformée en immeuble de bureaux dans l'ancien quartier du vêtement. Cette usine métamorphosée est entourée de petites boutiques, d'épiceries fines et d'immeubles reconvertis en logements. Elle jette un coup d'œil à travers la porte en verre et, assurément, le nom est là, sculpté à la main à même un large panneau en bois, dans le hall d'entrée dont le revêtement mural est d'un style pittoresque :

LE FAMEUX CAFÉ DE RACHEL
CINQUIÈME ÉTAGE

Elle penche la tête en arrière et regarde vers le haut, comptant les étages. Le cinquième étage… ce doit être le dernier étage. L'éclat du soleil lui donne un peu le vertige.

« Il ne semble pas que leur réussite les ait rendus prétentieux », murmure-t-elle tandis qu'elle traverse le minuscule hall d'entrée et se dirige vers un ancien ascenseur.

La réceptionniste du Fameux café de Rachel accueille Claire avec un chaleureux sourire et la dirige vers un long corridor qui mène à une porte arborant cette expression : « Remue-méninges ». Elle frappe doucement deux petits coups sur la porte, puis elle frappe de nouveau deux autres fois avec plus d'assurance.

La porte s'ouvre soudainement et elle entend la voix d'un homme s'exclamer : « Entrez ! » Un homme rayonnant, au visage rond, portant des lunettes, ayant atteint la fin de la trentaine l'invite à entrer dans une salle de conférence spacieuse après lui avoir serré la main.

« Vous devez être Claire, dit l'homme. Je suis Hansen. Neil Hansen. Ça me fait vraiment plaisir de vous rencontrer. Mes associés et moi-même apprécions tout le dur labeur que vous avez investi dans votre offre. »

Claire en a presque le souffle coupé. L'énorme table de conférence en bois dur verni, au centre de la pièce, est recouverte d'un modèle à l'échelle élaboré, qui ressemble à un petit village sur le versant d'une montagne. Aux abords du village, une série de turbines à énergie éolienne actionnent un système d'irrigation presque invisible qui serpente à travers un ensemble de terrains disposés en gradins. Le côté créateur de Claire s'émerveille de la simplicité et de l'efficacité de tout ça. C'est stupéfiant!

«Merci beaucoup, monsieur Hansen.» Claire jette un coup d'œil sur le mur de l'autre côté de la table et voit qu'il est couvert de merveilleuses photographies à vous couper le souffle. Ce sont toutes des photos en noir et blanc d'enfants de différents âges, habillés selon diverses modes.

L'homme suit son regard et sourit chaleureusement: «Étonnant, n'est-ce pas? Il n'existe pas de force plus puissante que la confiance sur le visage d'un enfant.» Il fait le tour de la table avec Claire, et celle-ci embrasse d'un coup d'œil une photo après l'autre. «Plusieurs de ces enfants sont ceux de nos associés dans les différentes régions où nous faisons affaire.

«Rachel a pris elle-même toutes ces photos lors de son dernier voyage. Normalement, elle devrait être ici pour vous rencontrer, mais elle est à l'extérieur du pays en ce moment, en Amérique centrale, en train de réunir certaines relations clés pour un grand projet que nous lancerons plus tard à l'automne, un immense projet, je parle de quelque chose de vraiment énorme. Mais j'y pense, de toute façon vous êtes ici pour voir mon autre associé, n'est-ce pas?»

Claire acquiesce.

«Pourquoi n'entrez-vous pas tout de suite», dit Neil Hansen, montrant de la main une porte qui communique avec le bureau suivant. «Il vous attend.

– Bienvenue, Claire ! Merci de prendre le temps de me rencontrer», dit le troisième associé fondateur du Fameux café de Rachel.

– C'est un honneur, monsieur», réplique Claire tout en se demandant : *« Pourquoi me remercie-t-il ?*

– Je vous en prie, appelez-moi Joe. Si vous dites monsieur, je ne saurai pas très bien à qui vous parlez ! »

Claire sourit. Malgré sa nervosité, quelque chose dans la voix de l'homme la met singulièrement à l'aise. «Très bien… Joe.

– Merci», dit Joe. Il lui désigne un fauteuil, puis il s'assoit lui aussi. «Claire, je veux que vous sachiez que nous apprécions tous sincèrement votre offre. Vous avez manifestement investi beaucoup dans cette proposition. »

Il s'interrompt brièvement.

«Je dois vous faire savoir, enchaîne-t-il, que nous avons décidé d'accorder la campagne de marketing d'automne à votre concurrent. »

Eh bien, voilà le moment auquel Claire s'était préparée pendant toute la matinée, pourtant ça la frappe quand même comme un coup de tonnerre.

«Je... eh bien, j'apprécie que vous me le disiez en personne.

– Vous n'êtes pas surprise?

– Comment pourrais-je l'être, monsieur, je veux dire, Joe? C'est une grosse firme tandis que moi je suis une pigiste solitaire. À vrai dire, ils ont beaucoup plus à vous offrir que moi.

– En fait, réplique Joe, sans vouloir vous vexer, nous ne pensons pas ainsi. Ils sont plus expérimentés, oui, et ils excellent dans ce qu'ils font. Mais franchement, Claire, vous êtes très talentueuse, et ce qui compte davantage, vous avez du cœur.

– Du cœur? Claire est troublée.

– Je viens tout juste de vous dire que nous accordons ce contrat à votre concurrent. Votre réaction a été de me remercier et de les complimenter. Vous avez du cœur.

«À vrai dire, continue Joe, voilà pourquoi je vous ai demandé de nous rencontrer aujourd'hui. La campagne que nous octroyons à votre concurrent en est une importante. Mais nous avons un autre projet qui, dans notre plan d'ensemble, l'est même encore plus.

«Mes associés et moi-même avons créé une fondation qui est sur le point de lancer une initiative internationale de premier ordre. L'objectif de la fondation du Fameux café de Rachel est d'œuvrer avec des communautés indigènes à travers l'Amérique centrale, l'Afrique, l'Asie du sud-est. En fait, avec tous les pays producteurs de café dans le monde, pour les aider à établir des coopératives d'affaires autosuffisantes et communautaires.»

Il s'arrête un moment pour laisser Claire assimiler ce qu'il vient de dire.

«Ce projet va changer bien des choses, d'une façon durable et authentique, pour des collectivités partout dans le monde. Cela nécessitera une somme d'argent considérable pour financer adéquatement le projet. Nous avons besoin de quelqu'un pour préparer et coordonner l'effort global afin de réunir cet argent. Je sais que cela est un peu différent de ce que vous avez accompli jusqu'ici, mais nous aimerions que ce quelqu'un soit vous, si vous êtes intéressée.»

Claire est trop stupéfaite pour dire un mot.

Joe incline la tête comme si Claire avait parlé, et il enchaîne : «Bien sûr, vous aurez besoin d'y réfléchir. J'aimerais vraiment que mon épouse, Susan, puisse vous en parler davantage. Elle est vraiment la plus habile ingénieure civile que je connais, et nous avons été suffisamment chanceux de la persuader de quitter son poste à la ville et de se joindre à nous. Il jette un coup d'œil à sa montre. Et je dois la rejoindre dans quelques minutes au rez-de-chaussée pour déjeuner. Avez-vous le temps de vous joindre à nous ?»

Claire marque un temps, en quête des bons mots à prononcer.

«Monsieur, je veux dire, Joe…»

Joe ne dit rien, mais fait un aimable signe de tête comme pour dire : «Continuez!

– Comment, comment faites-vous tout cela?»

Joe semble légèrement perplexe. «Tout cela quoi?

– Comment créez-vous ces situations étonnantes? Ça ne fait pas encore un an que vos associés et vous-même avez démarré cette entreprise. La plupart des gens en seraient encore à se débattre pour que leur nouvelle entreprise prenne enfin son essor, alors que vous êtes déjà en train de lancer d'énormes projets qui auront des répercussions dans le monde entier.

«À vrai dire, je suis très flattée par votre offre, et je suis absolument intéressée à en savoir davantage concernant votre projet, très intéressée. Mais ce qui m'intéresse le plus c'est d'apprendre comment vous accomplissez ce que vous faites. Je suis persuadée qu'il ne s'agit pas simplement d'être chanceux ou d'être au bon endroit au bon moment. Quel que soit ce à quoi vous avez eu accès tous les trois, j'aimerais à coup sûr savoir ce que c'est et comment ça fonctionne!»

Pendant un instant, Joe semble perdu dans ses pensées. Claire se demande alors si elle a été trop effrontée et si elle l'a peut-être offensé. Joe prend alors une profonde respiration et dit : «Une question comme celle-là mérite une réponse claire et complète. Et je vous promets de vous la donner pendant le déjeuner, si vous êtes libre de vous joindre à nous. Êtes-vous déjà allée chez Iafrate ? C'est notre restaurant préféré. »

Claire s'entend dire : « Merci. Non, je n'y suis jamais allée... »

Joe sourit en se levant. « Il y a quelqu'un là-bas que j'aimerais que vous rencontriez. »

Les cinq lois de la réussite stratosphérique

LA LOI DE LA VALEUR

Quand ce que vous donnez en valeur surpasse largement
ce que vous exigez comme paiement, voilà ce qui détermine
votre véritable valeur.

LA LOI DE LA COMPENSATION

Votre revenu est déterminé par
le nombre de personnes que vous servez
et dans quelle mesure vous les servez bien.

LA LOI DE L'INFLUENCE

Votre influence est déterminée par le niveau
avec lequel vous faites passer largement les intérêts d'autres
personnes en premier. »

LA LOI DE L'AUTHENTICITÉ

Le présent le plus précieux que vous avez à offrir,
c'est vous-même.

LA LOI DE LA RÉCEPTIVITÉ

La clé d'un don efficace est de rester ouvert au fait de recevoir.

Remerciements

La conception, la gestation et la naissance d'un livre est un processus miraculeux, et le mot «remerciements» ne rend pas vraiment justice aux rôles de soutien et de création joués par tellement de gens. Notre plus profonde appréciation est dirigée vers :

Nos amis qui ont lu le manuscrit à différentes étapes et qui ont offert leur perspicacité, leur sagesse, leur enthousiasme et leurs suggestions : Scott Allen, Shannon Anima, Brian Biro, George Blumel, Jim «Gymbeaux» Brown, Angela Loehr Chrysler, Leigh Coburn, John Milton Fogg, Randy Gage, Tessa Greenspan, John Harricharan, Philip E. Harriman, Tom Hopkins, James Justice, Gary Keller, Pamela McBride, Frank Maguire, Dr Ivan Misner, Paul Zane Pilzer, Thomas Power, Nido Qubein, Michael Rubin, Rhonda Sher, Brian Tracy, Arnie Warren, Doug Wead, Chris Widener et Lisa M. Wilber.

Ana McClellan, qui a examiné à fond le manuscrit à chaque étape et qui a soutenu le projet constamment grâce à sa persuasion contagieuse. Ana, c'est toi qui as inspiré la loi de l'authenticité.

Thom Scott, qui sert d'exemple à la loi de l'influence, et dont le génie stratégique et l'habileté géniale en ce qui a trait à Internet ont guidé généreusement le livre *Donner sans compter* dans ce monde.

Bob Proctor, mentor stratosphérique pour une multitude de gens et le modèle original pour le personnage de Pindar.

Notre merveilleuse équipe chez Portfolio : Adrienne Schultz, Adrian Zackheim, Will Weisser et Courtney Young. Que votre succès soutenu soit déterminé par le nombre de personnes que vous servez et par votre façon de bien les servir. Ce petit livre n'aurait pas pu trouver un meilleur chez-soi que dans votre maison d'édition.

Les plus formidables agentes au monde : Margret McBride, Donna DeGutis, Anne Bomke et Faye Atchison – agentes, éditrices, et soutiens exemplaires de la loi de la valeur.

Nos nombreux collègues et amis, anonymes et innombrables mais que l'on oublie pas, et qui ont participé à nos existences et nous ont aidés à concevoir les idées qui sont au cœur de *Donner sans compter*.

Qui plus est, notre appréciation est dirigée vers vous, notre fidèle lecteur, lectrice, vous l'invité du vendredi. Allez donner, et n'oubliez pas de rester ouvert au fait de recevoir.